个人所得税综合所得汇算清缴实务 100点

主　编　陈志坚　杨静波
副主编　陈宏斐　高粉孝　刘宇彤　谢雪林　张春皓

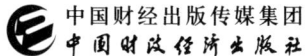

中国财经出版传媒集团
中国财政经济出版社

图书在版编目（CIP）数据

个人所得税综合所得汇算清缴实务100点／陈志坚，杨静波主编．－－北京：中国财政经济出版社，2020.3

ISBN 978－7－5095－9658－6

Ⅰ.①个… Ⅱ.①陈… ②杨… Ⅲ.①个人所得税－税收管理－中国 Ⅳ.①F812.424

中国版本图书馆CIP数据核字（2020）第031322号

责任编辑：尉　敏　　　　　　封面设计：陈宇琰

中国财政经济出版社 出版

URL：http://www.cfeph.cn

E－mail：cfeph@cfemg.cn

（版权所有　翻印必究）

社址：北京市海淀区阜成路甲28号　邮政编码：100142

营销中心电话：010－88191537

北京时捷印刷有限公司印刷　各地新华书店经销

787×1092毫米　16开　15.75印张　202 440字

2020年3月第1版　2020年3月北京第1次印刷

定价：48.00元

ISBN 978－7－5095－9658－6

（图书出现印装问题，本社负责调换）

本社质量投诉电话：010－88190744

打击盗版举报热线：010－88191661　QQ：2242791300

个人所得税简介

个人所得税是对个人（即自然人）取得的应税所得征收的一种税。1950年政务院公布的《税政实施要则》中，就曾列举有对个人所得课税的税种，当时定名为"薪给报酬所得税"。但由于我国生产力和人均收入水平低，实行低工资制，虽然立了税种，却一直没有开征。直至1980年以后，为了适应我国对内搞活、对外开放的政策，我国才相继制定了《中华人民共和国个人所得税法》《中华人民共和国城乡个体工商业户所得税暂行条例》以及《中华人民共和国个人收入调节税暂行条例》。上述三个税收法律法规发布实施以后，对于调节个人收入水平、增加国家财政收入、促进对外经济技术合作与交流起到了积极作用，但也暴露出一些问题，主要是按内外个人分设两套税制、税政不统一、税负不够合理。为了统一税政、公平税负、规范税制，第八届全国人民代表大会常务委员会第四次会议于1993年10月31日通过了《全国人大常委会关于修改〈中华人民共和国个人所得税法〉的决定》，同日发布了修改后的《中华人民共和国个人所得税法》，1994年1月28日国务院配套发布了《中华人民共和国个人所得税法实施条例》，规定自1994年1月1日起施行。1999年8月30日第九届全国人民代表大会常务委员会第十一次会议对个人所得税法进行第二次修正，规定"对储蓄存款利息所得征收个人所得税的开征时间和征收办法由国务院规定"，恢复对储蓄存款利息所得征收个人所得税。2005年10月27日第十届全国人民代表大会常务委员会第十八次会议对个人所得税法进行第三次修正，主要修改内容：一是将工资、薪金所得减除费用标准由800

元/月提高至 1 600 元/月，二是进一步扩大了纳税人自行申报范围。修改后的新税法自 2006 年 1 月 1 日起施行。2007 年 6 月 29 日第十届全国人民代表大会常务委员会第二十八次会议对个人所得税法进行第四次修正，将原税法第十二条"对储蓄存款利息所得征收个人所得税的开征时间和征收办法由国务院规定"修改为"对储蓄存款利息所得开征、减征、停征个人所得税及其具体办法，由国务院规定"，国务院据此作出了减征利息税的决定。2007 年 12 月 29 日第十届全国人民代表大会常务委员会第三十一次会议对个人所得税法进行第五次修正，将工资、薪金所得减除费用标准由 1 600 元/月提高到 2 000 元/月，自 2008 年 3 月 1 日起施行。2011 年 6 月 30 日第十一届全国人民代表大会常务委员会第二十一次会议对个人所得税法进行第六次修正，将工资、薪金所得减除费用标准由 2 000 元/月提高到 3 500 元/月，调整了工薪所得税率结构，相应调整了个体工商户生产经营所得和承包承租经营所得税率级距，将扣缴义务人、纳税人申报缴纳税款的时限由次月 7 日内延长至 15 日内，自 2011 年 9 月 1 日起施行。

2018 年 8 月 31 日第十三届全国人民代表大会常务委员会第五次会议对个人所得税法进行第七次修正，此次个人所得税法修改，实现了从分类税制向综合与分类相结合税制的重大转变，将工资薪金、劳务报酬、稿酬和特许权使用费等四项所得纳入综合征税范围，实行按年汇总计算征税，将减除费用标准由 3 500 元/月提高至 5 000 元/月（60 000 元/年），优化调整了税率结构，设立了子女教育、继续教育、大病医疗、住房贷款利息、住房租金、赡养老人等六项专项附加扣除。新税法自 2019 年 1 月 1 日起全面施行，其中提高减除费用标准和优化调整税率结构等减税措施先行自 2018 年 10 月 1 日起施行（摘自中华人民共和国财政部网站）。

本书收录法律法规、税收政策及优惠政策截至 2020 年 2 月 29 日。

Content 目录

知识点 001：综合与分类相结合的个人所得税制 …………… 1
知识点 002：个人所得范围 …………………………………… 1
知识点 003：综合所得和分类所得的具体内容 ……………… 5
知识点 004：综合所得的定义 ………………………………… 7
知识点 005：综合所得如何计算税款 ………………………… 8
知识点 006：个人所得的形式 ………………………………… 9
知识点 007：个人所得的货币单位 …………………………… 10
知识点 008：个人所得税纳税人和扣缴义务人的概念 ……… 11
知识点 009：扣缴义务人的扣缴义务 ………………………… 12
知识点 010：代发工资扣缴义务人的确定 …………………… 14
知识点 011：个人的纳税人识别号 …………………………… 15
知识点 012：纳税人和扣缴义务人在年度汇算
　　　　　　清缴中的权利和义务 …………………………… 17
知识点 013：居民个人和非居民个人分类 …………………… 19
知识点 014：年初如何判断居民个人和非居民个人 ………… 21
知识点 015：无住所个人居住天数如何判断 ………………… 23
知识点 016：无住所个人纳税义务规定 ……………………… 26
知识点 017：综合所得的范围和内容 ………………………… 28
知识点 018：容易混淆综合所得范围的点 …………………… 30
知识点 019：劳务报酬所得、稿酬所得、特许权使用费所得
　　　　　　预扣预缴与汇算清缴环节不一样 ……………… 35

知识点 020：居民个人工资薪金如何预扣预缴个人所得税 …………… 37

知识点 021：居民个人工资薪金所得预扣预缴计算 ……………………… 40

知识点 022：为何年度内个人月工资薪金相同个人所得税不同 ………… 42

知识点 023：居民个人取得工资薪金不含税预扣预缴法 ………………… 43

知识点 024：个人同时取得两处工资薪金的个人所得税实务 …………… 46

知识点 025：居民个人劳务报酬预扣预缴个人所得税 …………………… 48

知识点 026：居民个人取得不含税劳务报酬预扣预缴法 ………………… 50

知识点 027：工资薪金和劳务报酬的区别 ………………………………… 52

知识点 028：居民个人稿酬所得预扣预缴个人所得税 …………………… 52

知识点 029：居民个人取得不含税稿酬所得预扣预缴法 ………………… 54

知识点 030：居民个人特许权使用费所得
预扣预缴税款的计算方法 ………………………………… 56

知识点 031：居民个人取得不含税特许权使用费预扣预缴法 …………… 57

知识点 032：非居民个人取得工资、薪金所得，劳务报酬所得，
稿酬所得和特许权使用费所得代扣代缴税款的
计算方法 …………………………………………………… 58

知识点 033：非居民个人取得不含税工资、薪金所得，劳务报酬
所得，稿酬所得和特许权使用费所得代扣代缴税款
的计算方法 ………………………………………………… 61

知识点 034：计算缴纳个人所得税的思路 ………………………………… 68

知识点 035：居民个人取得全年一次性奖金个人所得税
计算方法 …………………………………………………… 69

知识点 036：全年一次性奖金个人所得税临界点或无效区间 …………… 74

知识点 037：全年一次性奖金是否合并综合所得的选择 ………………… 79

知识点 038：解除劳动关系取得一次性补偿收入个人
所得税计算方法 …………………………………………… 84

知识点 039：取得股权激励个人所得税计算方法 ………………………… 86

知识点 040：个人领取企业年金、职业年金的个人所得税政策 ………… 89

知识点 041：个人办理提前退休手续而取得的一次性补贴收入
个人所得税处理 ………………………………………… 92
知识点 042：个人取得内部退养一次性收入个人所得税处理 ……… 93
知识点 043：单位低价向职工售房个人所得税处理 ……………… 94
知识点 044：保险营销员、证券经纪人取得的佣金收入个人
所得税计算方法 ……………………………………… 96
知识点 045：代开发票产生税费预扣预缴个人所得税的处理 ……… 100
知识点 046：综合所得中扣除商业健康险支出 …………………… 102
知识点 047：综合所得中扣除公益捐赠支出 ……………………… 107
知识点 048：公益捐赠支出全额扣除 ……………………………… 116
知识点 049：全年一次性奖金单独计税扣除公益捐赠支出 ……… 119
知识点 050：股权激励等其他单独不并入综合所得项目发生
公益捐赠支出 ………………………………………… 122
知识点 051：企业年金和职业年金缴费的个人所得税处理 ……… 124
知识点 052：居民个人的综合所得按年度计算缴纳个人所得税 … 127
知识点 053：纳税年度如何理解 …………………………………… 128
知识点 054：如何理解综合所得按纳税年度合并计算个人
所得税 ………………………………………………… 128
知识点 055：居民个人补发工资预扣预缴个人所得税和
年度汇算 ……………………………………………… 131
知识点 056：综合所得可减除的扣除具体项目 …………………… 132
知识点 057：如何理解按纳税年度减除费用等扣除项目 ………… 134
知识点 058：专项扣除的具体内容 ………………………………… 135
知识点 059："三险一金"扣除的标准 …………………………… 135
知识点 060：自行缴纳"三险一金"扣除问题 …………………… 137
知识点 061：专项附加扣除的概念、内容及关键点 ……………… 138
知识点 062：如何阅读政策、理解政策：专项附加扣除关键点 … 138
知识点 063：专项附加扣除关键点 ………………………………… 140

知识点 064：专项附加扣除途径 …………………………………… 143
知识点 065：专项附加扣除具体内容 …………………………………… 144
知识点 066：子女教育专项附加扣除关键点 …………………………… 147
知识点 067：继续教育专项附加扣除关键点 …………………………… 149
知识点 068：住房贷款利息专项附加扣除关键点 ……………………… 152
知识点 069：住房租金专项附加扣除关键点 …………………………… 155
知识点 070：赡养老人专项附加扣除关键点 …………………………… 158
知识点 071：大病医疗专项附加扣除关键点 …………………………… 161
知识点 072：外籍个人住房补贴与专项附加扣除的关系 ……………… 165
知识点 073：年度汇算清缴概念 ………………………………………… 169
知识点 074：年度汇算清缴与预扣预缴关系 …………………………… 170
知识点 075：为什么要年度汇算清缴 …………………………………… 170
知识点 076：年度汇算准备工作 ………………………………………… 172
知识点 077：居民个人应当汇缴申报情形 ……………………………… 176
知识点 078：2019－2020 年度应当汇缴申报的特殊规定 …………… 178
知识点 079：2019－2020 年度无须办理年度汇算情形 ……………… 179
知识点 080：2019－2020 年度需要办理年度汇算情形 ……………… 184
知识点 081：2019－2020 年度办理年度汇算情形判断示意图 …… 191
知识点 082：年度汇算和 12 万元申报区别 …………………………… 192
知识点 083：年度汇算计算公式 ………………………………………… 194
知识点 084：年度汇算计算案例 ………………………………………… 195
知识点 085：年度汇算优惠政策选择 …………………………………… 197
知识点 086：居民个人境外所得税收抵免 ……………………………… 199
知识点 087：年度汇算办理方式 ………………………………………… 210
知识点 088：单位办理年度汇算关键点 ………………………………… 214
知识点 089：年度汇算办理渠道 ………………………………………… 217
知识点 090：年度汇算时间 ……………………………………………… 217
知识点 091：年度汇算清缴地 …………………………………………… 219

知识点 092：年度汇算填报需要准备资料 …………………………… 221

知识点 093：单位代办年度汇算需要准备资料 ………………………… 221

知识点 094：委托第三方办理年度汇算需要准备资料 ………………… 222

知识点 095：年度汇算退税 ……………………………………………… 224

知识点 096：如何便捷退税 ……………………………………………… 226

知识点 097：申请开具个人所得税《纳税记录》 ……………………… 228

知识点 098：关于新冠肺炎疫情的个人所得税实务 …………………… 229

知识点 099：个人所得税税率 …………………………………………… 232

知识点 100：个人所得税优惠政策表 …………………………………… 235

知识点001：综合与分类相结合的个人所得税制

2018年8月31日，十三届全国人大常委会第五次会议表决通过了关于修改个人所得税法的决定，这是我国个人所得税法自1980年出台以来第七次修正。

新修改的个人所得税法自2019年1月1日全面实施。这次个人所得税改革，除提高"起征点"和增加六项专项附加扣除外，还在我国历史上首次建立了综合与分类相结合的个人所得税制。这样有利于平衡不同所得税负，更好发挥个人所得税的收入分配调节作用。

通俗地讲，综合与分类相结合的个人所得税制，将个人取得的工资薪金、劳务报酬、稿酬、特许权使用费四项所得合并为"综合所得"，合并全年收入，按年计算税款，即综合税制；而个人取得的经营所得、利息股息红利所得、财产租赁所得、财产转让所得和偶然所得，均不纳入综合所得计税，分类按月或按次计算税款，即分类税制。

知识点002：个人所得范围

根据《中华人民共和国个人所得税法》（以下简称个人所得税法）第二条和《中华人民共和国个人所得税法实施条例》（以下简称个人所得税法实施条例）第六条，个人所得税法规定的各项个人所得的范围：

1. 工资、薪金所得，是指个人因任职或者受雇取得的工资、薪金、奖金、年终加薪、劳动分红、津贴、补贴以及与任职或者受雇有关的其他所得。

2. 劳务报酬所得，是指个人从事劳务取得的所得，包括从事设计、装潢、安装、制图、化验、测试、医疗、法律、会计、咨询、讲学、翻译、审稿、书画、雕刻、影视、录音、录像、演出、表演、广告、展览、技术服务、介绍服务、经纪服务、代办服务以及其他劳务取得的所得。

3. 稿酬所得，是指个人因其作品以图书、报刊等形式出版、发表而取得的所得。

4. 特许权使用费所得，是指个人提供专利权、商标权、著作权、非专利技术以及其他特许权的使用权取得的所得；提供著作权的使用权取得的所得，不包括稿酬所得。

5. 经营所得，是指：

（1）个体工商户从事生产、经营活动取得的所得，个人独资企业投资人、合伙企业的个人合伙人来源于境内注册的个人独资企业、合伙企业生产、经营的所得；

（2）个人依法从事办学、医疗、咨询以及其他有偿服务活动取得的所得；

（3）个人对企业、事业单位承包经营、承租经营以及转包、转租取得的所得；

（4）个人从事其他生产、经营活动取得的所得。

6. 利息、股息、红利所得，是指个人拥有债权、股权等而取得的利息、股息、红利所得。

7. 财产租赁所得，是指个人出租不动产、机器设备、车船以及其他财产取得的所得。

8. 财产转让所得，是指个人转让有价证券、股权、合伙企业中的财产份额、不动产、机器设备、车船以及其他财产取得的所得。

9. 偶然所得，是指个人得奖、中奖、中彩以及其他偶然性质的所得。

个人取得的所得，难以界定应纳税所得项目的，由国务院税务主管部门确定。

【提示点】2018年个人所得税法修改后，取消了"其他所得"项目，按照原税法"其他所得"项目征税的有关政策文件，需要进行相应调整。《财政部 税务总局关于个人取得有关收入适用个人所得税应税所得项目的公告》（财政部 税务总局公告2019年第74号）对原个人所得税法下按"其他所得"项目征税的有关收入调整了适用的应税所得项目，从2019年1月1日起执行。

（一）对原按"其他所得"征税项目进行了调整。

1. 将部分原按"其他所得"征税的项目调整为按照"偶然所得"项目征税。原按"其他所得"项目征税的部分收入具有一定的偶然性质，将其调整为按照"偶然所得"项目征税，偶然所得适用税率为20%，与原"其他所得"税率相同，纳税人的税负保持不变。

调整为按照"偶然所得"项目征税的具体收入包括：

（1）个人为单位或他人提供担保获得报酬。

（2）受赠人因无偿受赠房屋取得的受赠收入，但符合《财政部 国家税务总局关于个人无偿受赠房屋有关个人所得税问题的通知》（财税〔2009〕78号）第一条规定的情形，对当事双方不征收个人所得税，包括：一是房屋产权所有人将房屋产权无偿赠与配偶、父母、子女、祖父母、外祖父母、孙子女、外孙子女、兄弟姐妹；二是房屋产权所有人将房屋产权无偿赠与对其承担直接抚养或者赡养义务的抚养人或者赡养人；三是房屋产权所有人死亡，依法取得房屋产权的法定继承人、遗嘱继承人或者受遗赠人。

（3）企业在业务宣传、广告等活动中，随机向本单位以外的个人赠送礼品（包括网络红包）以及企业在年会、座谈会、庆典和其他活动中向本单位以外的个人赠送礼品，但企业赠送的具有价格折扣或折让性质的消费券、代金券、抵用券、优惠券等礼品除外。

（二）将税收递延型商业养老保险的养老金收入所征税款由计入"其他所得"项目调整为计入"工资、薪金所得"项目，即个人领取的该项商业养老金收入，其中25%部分予以免税，其余75%部分按照10%的比例税率计算缴纳个人所得税，实际税负仍为7.5%，纳税人的税负没有变化。

（三）废止了原按"其他所得"征税的政策规定。

对一些原按"其他所得"征税的政策予以废止，具体包括：

（1）银行部门以超过国家规定利率和保值贴补率支付给储户的揽储奖金。

（2）以蔡冠深中国科学院院士荣誉基金会的基金利息颁发中国科学院院士荣誉奖金。

（3）保险公司支付给保期内未出险的人寿保险保户的利息。

（4）个人因任职单位缴纳有关保险费用而取得的无赔款优待收入。

（5）股民个人从证券公司取得的回扣收入或交易手续费返还收入。

（6）房地产公司因双方协商解除商品房买卖合同而向购房人支付的违约金。

【提示点】个人转让二手房的所得属于"财产转让所得"项目

1.《国家税务总局关于个人住房转让所得征收个人所得税有关问题的通知》（国税发〔2006〕108号）规定，个人转让二手房取得的所得应按照"财产转让所得"项目征收个人所得税。对转让二手房收入计算个人所得税应纳税所得额时，纳税人可凭原购房合同、发票等有效凭证，经税务机关审核后，允许从其转让收入中减除房屋原值、转让住房过程中缴纳的税金及有关合理费用。

其中，合理理费用是指纳税人按照规定实际支付的住房装修费用、住房贷款利息、手续费、公证费等费用。

（1）支付的住房装修费用。纳税人能提供实际支付装修费用的税务统一发票，并且发票上所列付款人姓名与转让房屋产权人一致的，经税务机关审核，其转让的住房在转让前实际发生的装修费用，可在以下规定比例内扣除：①已购公有住房、经济适用房：最高扣除限额为房屋原值的15%；②商品房及其他住房：最高扣除限额为房屋原值的10%。

纳税人原购房为装修房，即合同注明房价款中含有装修费（铺装了地板，装配了洁具、厨具等）的，不得再重复扣除装修费用。

（2）支付的住房贷款利息。纳税人出售以按揭贷款方式购置的住房的，其向贷款银行实际支付的住房贷款利息，凭贷款银行出具的有效证明据实扣除。

（3）纳税人按照有关规定实际支付的手续费、公证费等，凭有关部门出具的有效证明据实扣除。

根据国税发〔2006〕108号文件第三条规定，纳税人未提供完整、准确的房屋原值凭证，不能正确计算房屋原值和应纳税额的，税务机关可根据《中华人民共和国税收征收管理法》第三十五条的规定，对其实行核定征税，即按纳税人住房转让收入的一定比例核定应纳个人所得税额。

2.《财政部 国家税务总局关于个人所得税若干政策问题的通知》（财税字〔1994〕20号）规定，个人转让自用达五年以上、并且是唯一的家庭生活用房取得的所得，暂免征收个人所得税。

3. 财政部 税务总局公告2019年第74号文件规定，以下情形的房屋产权无偿赠与，对当事双方不征收个人所得税：

（1）房屋产权所有人将房屋产权无偿赠与配偶、父母、子女、祖父母、外祖父母、孙子女、外孙子女、兄弟姐妹；

（2）房屋产权所有人将房屋产权无偿赠与对其承担直接抚养或者赡养义务的抚养人或者赡养人；

（3）房屋产权所有人死亡，依法取得房屋产权的法定继承人、遗嘱继承人或者受遗赠人。

4.《国家税务总局关于明确个人所得税若干政策执行问题的通知》（国税发〔2009〕121号）规定，通过离婚析产的方式分割房屋产权是夫妻双方对共同共有财产的处置，个人因离婚办理房屋产权过户手续，不征收个人所得税。

知识点003：综合所得和分类所得的具体内容

1. 居民个人取得综合所得，按年计税。居民个人取得工资、薪金所得，劳务报酬所得，稿酬所得和特许权使用费所得为综合所得，按纳税年度合并计算个人所得税。

综合所得，以每一纳税年度的收入额减除费用六万元以及专项扣除、专项附加扣除和依法确定的其他扣除后的余额，为应纳税所得额，按照适用税率计算个人所得税。

2. 非居民个人取得工资、薪金所得，劳务报酬所得，稿酬所得和特许权使用费所得四项分类所得，按月或者按次分项计算个人所得税。

3. 纳税人（含居民个人和非居民个人）取得经营所得，利息、股利、红利所得，财产租赁所得，财产转让所得和偶然所得其他五项分类所得，依照个人所得税法规定分别计算个人所得税。

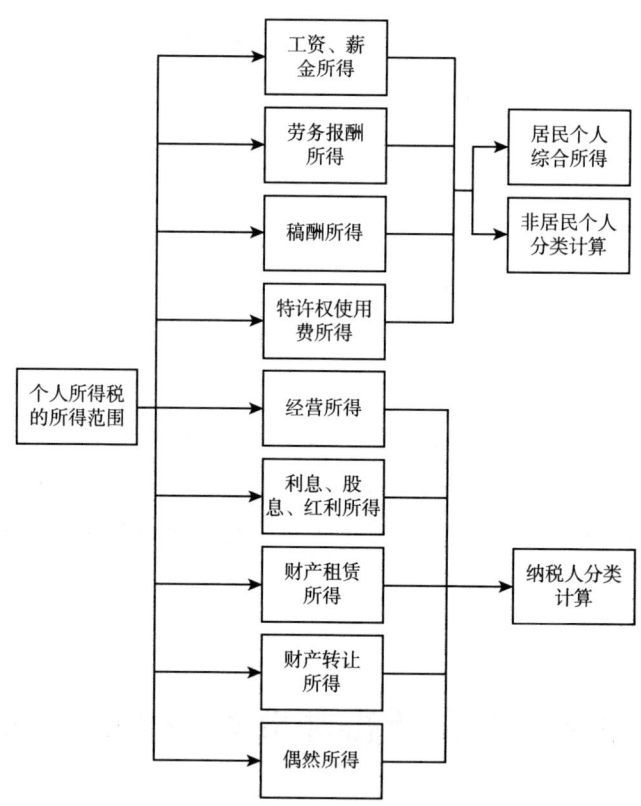

图1 综合所得和分类所得示意图

知识点 004：综合所得的定义

个人所得税法第二条规定："下列各项个人所得，应当缴纳个人所得税：

（1）工资、薪金所得；

（2）劳务报酬所得；

（3）稿酬所得；

（4）特许权使用费所得；

（5）经营所得；

（6）利息、股息、红利所得；

（7）财产租赁所得；

（8）财产转让所得；

（9）偶然所得。

居民个人取得前款第（1）项至第（4）项所得（以下称综合所得），按纳税年度合并计算个人所得税；非居民个人取得前款第（1）项至第（4）项所得，按月或者按次分项计算个人所得税。纳税人取得前款第（5）项至第（9）项所得，依照个人所得税法规定分别计算个人所得税。"

根据上述文件规定，居民个人取得工资薪金、劳务报酬、稿酬、特许权使用费等四项所得为综合所得，有一个前提是"居民个人取得"，所以说居民个人才有综合所得；非居民个人取得工资薪金所得、劳务报酬、稿酬、特许权使用费四项所得还是分类计税，也就是说不需要"综合"四项所得，其没有综合所得的概念。因此，只有居民个人，才需要办理个人所得税综合所得年度汇算清缴（以下简称"年度汇算"）。

同时，个人所得税法第十一条也明确非居民个人不办理年度汇算清缴。个人所得税法第十一条规定:"非居民个人取得工资、薪金所得,劳务报酬所得,稿酬所得和特许权使用费所得,有扣缴义务人的,由扣缴义务人按月或者按次代扣代缴税款,不办理汇算清缴。"

知识点005:综合所得如何计算税款

个人所得税法第二条和第十一条规定,居民个人取得工资薪金、劳务报酬、稿酬、特许权使用费(即"综合所得"),按纳税年度合并计算个人所得税。有扣缴义务人的,由扣缴义务人按月或者按次预扣预缴税款;需要办理汇算清缴的,应当在取得所得的次年3月1日至6月30日内办理汇算清缴。

基于上述规定,包含了三项要点:

一是四项所得"按年合并计税"。四项所得全年最终应纳个人所得税,以"年"为一个周期计算确定。这就要求年度终了,纳税人需将四项所得的全年收入、可扣除费用进行汇总,收入减去费用、扣除后,适用3%~45%的综合所得年度税率表,计算全年应纳个人所得税。具体计算公式为:

综合所得应纳个人所得税额=[(综合所得收入额-60 000元-"三险一金"等专项扣除-子女教育等专项附加扣除-依法确定的其他扣除-捐赠)×适用税率-速算扣除数]

二是扣缴义务人按月或按次预扣预缴税款。考虑国家财政收入以及个人负担等因素,四项所得需在日常支付时先由支付方(即扣缴义务人)依税法规定按月或者按次预扣预缴个人所得税并预缴至国库。

三是次年办理年度汇算。年度终了后,纳税人根据全年应纳个人所得税,与年度内已预缴个人所得税相比较,通过办理综合所得年度汇算申报,申请退还多预缴的税款,或者补缴税款。

无论申请退税还是补税，纳税人需向税务机关办理年度纳税申报，并随申报一并结清应退或者应补税款，这个过程就是汇算清缴。简言之，就是"查遗补漏，汇总收支，按年算账，清缴税款，多退少补"，这是国际通行的综合税制落地的必要环节，也是与过去分类税制最大的区别之一。

知识点006：个人所得的形式

个人所得税法实施条例第八条规定，个人所得的形式，包括现金、实物、有价证券和其他形式的经济利益。

1. 所得为实物的，应当按照取得的凭证上所注明的价格计算应纳税所得额，无凭证的实物或者凭证上所注明的价格明显偏低的，参照市场价格核定应纳税所得额。

2. 所得为有价证券的，根据票面价格和市场价格核定应纳税所得额。

3. 所得为其他形式的经济利益的，参照市场价格核定应纳税所得额。

【例】单位为员工报销随机票购买的航空意外险，根据个人所得税法实施条例规定，工资、薪金所得，是指个人因任职或者受雇取得的工资、薪金、奖金、年终加薪、劳动分红、津贴、补贴以及与任职或者受雇有关的其他所得。因此，企业根据国家有关标准，凭出差人员取得的保险费发票报销实际发生的航空意外保险支出，不属于个人所得，不涉及缴纳个人所得税。

【例】单位支付员工体检费支出，如属于企业工作性质要求的体检费支出，比如饭店支付厨师体检费用、员工入职体检等企业为特殊工种职工及企业经营需要而支付的体检费，不应征收个人所得税。属于人人都有的、福利待遇性质的体检费，是个人因任职或者受雇而取得的所得，应并入员工当期工资、薪金收入扣缴个人所得税。

【例】根据《财政部 税务总局关于个人取得有关收入适用个人所得税应税所得项目的公告》（财政部 税务总局公告2019年第74号）规定，自2019年1月1日起，企业在业务宣传、广告等活动中，随机向本单位以外的个人赠送礼品（包括网络红包，下同），以及企业在年会、座谈会、庆典以及其他活动中向本单位以外的个人赠送礼品，个人取得的礼品收入，按照"偶然所得"项目计算缴纳个人所得税，但企业赠送的具有价格折扣或折让性质的消费券、代金券、抵用券、优惠券等礼品除外。

【例】企业以团购价格950元购入面值1 000元的购物卡后，将面值1 000元的购物卡发放给员工，根据上述文件规定，发放给员工的购物卡应以团购价格950元并入员工当月工资薪金，按照"工资、薪金所得"项目征收个人所得税。

知识点007：个人所得的货币单位

个人所得税法第十六条和个人所得税实施条例第三十二条规定：

"1. 各项所得的计算，以人民币为单位。所得为人民币以外的货币的，按照人民币汇率中间价折合成人民币缴纳税款。

2. 所得为人民币以外货币的折算，按照办理纳税申报或者扣缴申报的上一月最后一日人民币汇率中间价，折合成人民币计算应纳税所得额。

3. 年度终了后办理汇算清缴的，对已经按月、按季或者按次预缴税款的人民币以外货币所得，不再重新折算；对应当补缴税款的所得部分，按照上一纳税年度最后一日人民币汇率中间价，折合成人民币计算应纳税所得额。"

知识点 008：个人所得税纳税人和扣缴义务人的概念

个人所得税法第九条规定，个人所得税以所得人为纳税人，以支付所得的单位或者个人为扣缴义务人。

实务中，要对个人所得税的纳税人和扣缴义务人角色定位清楚，方便理解和应用政策。

【例】《财政部 国家税务总局关于个人所得税法修改后有关优惠政策衔接问题的通知》（财税〔2018〕164号）和《国家税务总局关于调整个人取得全年一次性奖金等计算征收个人所得税方法问题的通知》（国税发〔2005〕9号）规定，居民个人取得全年一次性奖金，在2021年12月31日前，选择不并入当年综合所得，在一个纳税年度内，对每一个纳税人，该计税办法只允许采用一次。

由于全年一次性奖金的个人所得税的纳税人是居民个人，通俗地说是单位员工（居民个人，下同），单位是个人所得税的扣缴义务人，政策规定"对每一个纳税人"，所以理解上述政策的关键点在于：

1. 在一个纳税年度内，对每一个纳税人，该单独计税办法只允许采用一次，如支付单位在一个纳税年度内的不同月份给单位员工发两次年终奖，其中第一次选择单独按照全年一次性奖金单独计算缴纳个人所得税，后面一次只能合并到工资、薪金所得计算缴纳个人所得税。

2. 对于扣缴单位来说，在一个纳税年度内可以分多次（多月）给不同单位员工发全年一次性奖金，如财务部门员工在7月份发，销售部门员工在同一纳税年度12月份发，都可以选择单独按照全年一次性奖金单独计算缴纳个人所得税。

3. 个人从两处取得全年一次性奖金的，对纳税人来说，由于该计税办法只允许采用一次,则:如果在一个纳税年度内不同月份从两处取得全年一次性奖金,只允许其中一处采用全年一次性奖金的计税方法,另一处的全年一次性奖金应与当月工资、薪金所得合并,按税法规定缴纳个人所得税;如果居民个人在一个纳税年度内同一月份从两处取得全年一次性奖金,允许将两处合并采用全年一次性奖金的计税方法,也可以选择"其中一处采用全年一次性奖金的计税方法,另一处的全年一次性奖金与当月工资、薪金所得合并",按税法规定缴纳个人所得税。

知识点 009:扣缴义务人的扣缴义务

《国家税务总局关于发布〈个人所得税扣缴申报管理办法(试行)〉的公告》(国家税务总局公告 2018 年第 61 号)第四条规定,实行个人所得税全员全额扣缴申报的应税所得包括:

(1)工资、薪金所得;

(2)劳务报酬所得;

(3)稿酬所得;

(4)特许权使用费所得:

(5)利息、股息、红利所得;

(6)财产租赁所得;

(7)财产转让所得;

(8)偶然所得。

国家税务总局公告 2018 年第 61 号第十九条规定,扣缴义务人有未按照规定向税务机关报送资料和信息、未按照纳税人提供信息虚报虚扣专项附加扣除、应扣未扣税款、不缴或少缴已扣税款、借用或冒用他人身份等行为的,依照《中华人民共和国税收征收管理法》等相关法律、行政法规处理。

《中华人民共和国税收征收管理法》（以下简称税收征管法）第六十九条规定："扣缴义务人应扣未扣、应收而不收税款的，由税务机关向纳税人追缴税款，对扣缴义务人处应扣未扣、应收未收税款百分之五十以上三倍以下的罚款。"

根据上述文件规定，扣缴义务人应扣未扣、应收而不收税款的，由税务机关向纳税人追缴税款，对扣缴义务人处应扣未扣、应收未收税款百分之五十以上三倍以下的罚款。如果扣缴义务人在规定期限内不缴或者少缴应纳或者应解缴的税款，经税务机关责令限期缴纳，逾期仍未缴纳的，税务机关除依照相关规定采取强制执行措施，追缴其不缴或者少缴的税款外，可以处不缴或者少缴的税款百分之五十以上五倍以下的罚款。

【例】某投资集团有限公司——违反税收管理

处罚事由：你公司2013年3月受让某房地产开发有限公司三位股东股权，支付股权转让款总金额为242 990 000元，其中杨某持有40%股权、覃某持有30%股权、林某持有30%股权，股权转让成本为169 910 000元，股权转让所得额为73 080 000元，应代扣代缴股权转让个人所得税14 616 000元，截至2016年8月1日，未按规定履行代扣代缴义务。

处罚状态：正常决定日期：2017-03-30。

处罚依据：《中华人民共和国税收征收管理法》第六十九条，扣缴义务人应扣未扣、应收而不收税款的，由税务机关向纳税人追缴税款，对扣缴义务人处应扣未扣、应收未收税款百分之五十以上三倍以下的罚款。

处罚结果：按你公司未按规定代扣代缴股权转让个人所得税14 616 000元的50%对其进行处罚，即罚款7 308 000元。

需要提醒的是，新个人所得税法从2019年1月1日起实施，根据《国家税务总局关于全面实施新个人所得税法若干征管衔接问题的公告》（国家税务总局公告2018年第56号）第一条第二项规定，扣缴义务人向居民个人支付劳务报酬所得、稿酬所得、特许权使用费所得，按次或者按月预扣预缴个人所得税。对纳税人取得劳务报酬所得、稿酬所得和特许权使用费所得等综合所得需要代开发票的,在代开发票环节不再征收个人所得税。其个人所得税由扣缴义务人依国家税务总局公告2018年第61号公告规定预扣预缴(或代扣代缴)并办理全员全额扣缴申报。代开发票单位在开具发票时,发票备注栏内注明"个人所得税由支付方依法预扣预缴(或代扣代缴)"类似字样。

知识点010:代发工资扣缴义务人的确定

《国家税务总局关于个人所得税偷税案件查处中有关问题的补充通知》(国税函发〔1996〕602号)第三条规定,扣缴义务人的认定,按照个人所得税法的规定,向个人支付所得的单位和个人为扣缴义务人。由于支付所得的单位和个人与取得所得的人之间有多重支付的现象,有时难以确定扣缴义务人。为保证全国执行的统一,现将认定标准规定为:凡税务机关认定对所得的支付对象和支付数额有决定权的单位和个人,即为扣缴义务人。

【例】《保障农民工工资支付条例》(国务院令第724号)规定,施工总承包单位应当按照有关规定开设农民工工资专用账户,专项用于支付该工程建设项目农民工工资。

工程建设领域推行分包单位农民工工资委托施工总承包单位代发制度。

分包单位应当按月考核农民工工作量并编制工资支付表,经农民工本人签字确认后,与当月工程进度等情况一并交施工总承包单位。

施工总承包单位根据分包单位编制的工资支付表,通过农民工工资专用账户直接将工资支付到农民工本人的银行账户,并向分包单位提供代发工资凭证。

用于支付农民工工资的银行账户所绑定的农民工本人社会保障卡或

者银行卡，用人单位或者其他人员不得以任何理由扣押或者变相扣押。

根据上述文件规定，分包单位农民工工资委托施工总承包单位代发，其形式上是施工总承包单位代发，但是分包单位应当按月考核农民工工作量并编制工资支付表，即分包单位属于国税函发〔1996〕602号文件规定的"对所得的支付对象和支付数额有决定权的单位和个人"，即分包单位为农民工工资的个人所得税扣缴义务人。

【例】劳务派遣，是指派遣企业与派遣人员签订劳动合同，派遣企业和用工企业签订劳务派遣协议，用工企业要求派遣企业根据业务的需要派遣劳务人员，并支付报酬的一种形式。

一般情况下，劳务派遣人员的报酬由用工企业转账给派遣企业，再由派遣企业统一发放给劳务派遣人员。《中华人民共和国劳动合同法》规定，"劳务派遣企业是本法所称用人单位，应当履行用人单位对劳动者的义务。"通俗地讲，劳务派遣企业属于用人单位，被派遣人员不是用工企业的"员工"，劳务派遣人员的个人所得税应由派遣企业按工资薪金所得代扣代缴个人所得税。

如果用工企业将劳务派遣人员的报酬制作详细的结算清单，然后再将相关报酬划转给劳务派遣企业，并由劳务派遣企业按照上述清单明细支付给劳务派遣人员，根据国税函发〔1996〕602号文件第三条规定，用工企业为劳务派遣人员报酬的个人所得税扣缴义务人。

知识点011：个人的纳税人识别号

《国家税务总局关于自然人纳税人识别号有关事项的公告》（国家税务总局公告2018年第59号）规定：

"1. 自然人纳税人识别号，是自然人纳税人办理各类涉税事项的唯一代码标识。

2. 有中国公民身份号码的，以其中国公民身份号码作为纳税人识别号；没有中国公民身份号码的，由税务机关赋予其纳税人识别号。

3. 纳税人首次办理涉税事项时，应当向税务机关或者扣缴义务人出示有效身份证件，并报送相关基础信息。

4. 税务机关应当在赋予自然人纳税人识别号后告知或者通过扣缴义务人告知纳税人其纳税人识别号，并为自然人纳税人查询本人纳税人识别号提供便利。

5. 自然人纳税人办理纳税申报、税款缴纳、申请退税、开具完税凭证、纳税查询等涉税事项时应当向税务机关或扣缴义务人提供纳税人识别号。

6. 本公告所称"有效身份证件"，是指：

（1）纳税人为中国公民且持有有效《中华人民共和国居民身份证》（以下简称"居民身份证"）的，为居民身份证。

（2）纳税人为华侨且没有居民身份证的，为有效的《中华人民共和国护照》和华侨身份证明。

（3）纳税人为港澳居民的，为有效的《港澳居民来往内地通行证》或《中华人民共和国港澳居民居住证》。

（4）纳税人为台湾居民的，为有效的《台湾居民来往大陆通行证》或《中华人民共和国台湾居民居住证》。

（5）纳税人为持有有效《中华人民共和国外国人永久居留身份证》（以下简称永久居留证）的外籍个人的，为永久居留证和外国护照；未持有永久居留证但持有有效《中华人民共和国外国人工作许可证》（以下简称工作许可证）的，为工作许可证和外国护照；其他外籍个人，为有效的外国护照。"

根据上述文件规定，明确以下几点：

1. 自然人纳税人识别号的作用。

自然人纳税人识别号是自然人纳税人办理各类涉税事项的唯一代码标识，也是税务机关开展征管工作的基础。

2. 自然人纳税人识别号的确认。

有中国公民身份号码的，个人的纳税人识别号为《中华人民共和国居民身份证》上载明的"公民身份号码"；没有中国公民身份号码的，个人的纳税人识别号是税务机关赋予的纳税人识别号。

3. 纳税人识别号的具体用途。

自然人纳税人用以办理纳税申报、税款缴纳、申请退税、开具完税凭证、纳税查询等涉税事项。

如2019年8月20日公布的《国家发展改革委办公厅 国家税务总局办公厅关于加强个人所得税纳税信用建设的通知》（发改办财金规〔2019〕860号），税务总局将以自然人纳税人识别号为唯一标识，以个人所得税纳税申报记录、专项附加扣除信息报送记录、违反信用承诺和违法违规行为记录为重点，研究制定自然人纳税信用管理的制度办法，全面建立自然人纳税信用信息采集、记录、查询、应用、修复、安全管理和权益维护机制。

知识点012：纳税人和扣缴义务人在年度汇算清缴中的权利和义务

年度汇算时，既涉及纳税人，又涉及扣缴义务人，所以首先要明确的是纳税人和扣缴义务人在年度汇算清缴中的权利和义务，笔者就此做了归集：

1. 取得综合所得需要办理汇算清缴，纳税人应当依法办理纳税申报。
2. 居民个人取得综合所得，有扣缴义务人的，由扣缴义务人按月或者按次预扣预缴税款。
3. 居民个人向扣缴义务人提供专项附加扣除信息的，扣缴义务人按月预扣预缴税款时应当按照规定予以扣除，不得拒绝。

4. 居民个人取得工资、薪金所得时，可以向扣缴义务人提供专项附加扣除有关信息，由扣缴义务人扣缴税款时减除专项附加扣除。

5. 纳税人同时从两处以上取得工资、薪金所得，并由扣缴义务人减除专项附加扣除的，对同一专项附加扣除项目，在一个纳税年度内只能选择从一处取得的所得中减除。

6. 居民个人取得劳务报酬所得、稿酬所得、特许权使用费所得，应当在汇算清缴时向税务机关提供有关信息，减除专项附加扣除。

7. 纳税人可以委托扣缴义务人或者其他单位和个人办理汇算清缴。

8. 扣缴义务人应当按照纳税人提供的信息计算办理扣缴申报，不得擅自更改纳税人提供的信息。

9. 纳税人发现扣缴义务人提供或者扣缴申报的个人信息、所得、扣缴税款等与实际情况不符的，有权要求扣缴义务人修改。扣缴义务人拒绝修改的，纳税人应当报告税务机关，税务机关应当及时处理。

10. 纳税人、扣缴义务人应当按照规定保存与专项附加扣除相关的资料。

11. 税务机关发现纳税人提供虚假信息的，应当责令改正并通知扣缴义务人；情节严重的，有关部门应当依法予以处理，纳入信用信息系统并实施联合惩戒。

12. 纳税人申请退税时提供的汇算清缴信息有错误的，税务机关应当告知其更正；纳税人更正的，税务机关应当及时办理退税。

13. 扣缴义务人未将扣缴的税款解缴入库的，不影响纳税人按照规定申请退税，税务机关应当凭纳税人提供的有关资料办理退税。

14. 居民个人从中国境内和境外取得的综合所得、经营所得，应当分别合并计算应纳税额；从中国境内和境外取得的其他所得，应当分别单独计算应纳税额。

15. 纳税人办理汇算清缴退税或者扣缴义务人为纳税人办理汇算清缴退税的，税务机关审核后，按照国库管理的有关规定办理退税。

16. 对扣缴义务人按照所扣缴的税款，付给2%的手续费。

知识点 013：居民个人和非居民个人分类

个人所得税法第一条规定，在中国境内有住所，或者无住所而一个纳税年度内在中国境内居住累计满 183 天的个人，为居民个人。居民个人从中国境内和境外取得的所得，依照本法规定缴纳个人所得税。

在中国境内无住所又不居住，或者无住所而一个纳税年度内在中国境内居住累计不满 183 天的个人，为非居民个人。非居民个人从中国境内取得的所得，依照本法规定缴纳个人所得税。

其中，个人所得税法所称在中国境内有住所，是指因户籍、家庭、经济利益关系而在中国境内习惯性居住；所称从中国境内和境外取得的所得，分别是指来源于中国境内的所得和来源于中国境外的所得。

通俗地说，如果个人是中国公民，一般情况下，属于个人所得税法所述的居民个人。除非因纳税人的家庭、经济利益关系而不在中国境内习惯性居住。如果纳税人是因工作、学习、探亲、旅游等原因而暂时离开中国，待这些原因消除后仍需回中国，纳税人也为居民个人。

《国务院侨务办公室关于印发〈关于界定华侨外籍华人归侨侨眷身份的规定〉的通知》（国侨发〔2009〕5 号）规定："华侨是指定居在国外的中国公民。"定居"是指中国公民已取得住在国长期或者永久居留权，并已在住在国连续居留两年，两年内累计居留不少于 18 个月；中国公民虽未取得住在国长期或者永久居留权，但已取得住在国连续 5 年以上（含 5 年）合法居留资格，5 年内在住在国累计居留不少于 30 个月，视为华侨。"根据上述文件规定，华侨虽然已取得住在国的居留权，但未加入住在国的国籍，仍然持有中国护照，不是外籍人员。华侨定居在海外，在境内没有住所，是无住所个人，应按照一个纳税年度内在中国境内居住天数判定居民身份。

对外籍个人来说，如果在中国境内有住所，或者无住所而一个纳税年度内在中国境内居住累计满 183 天，也属于居民个人。

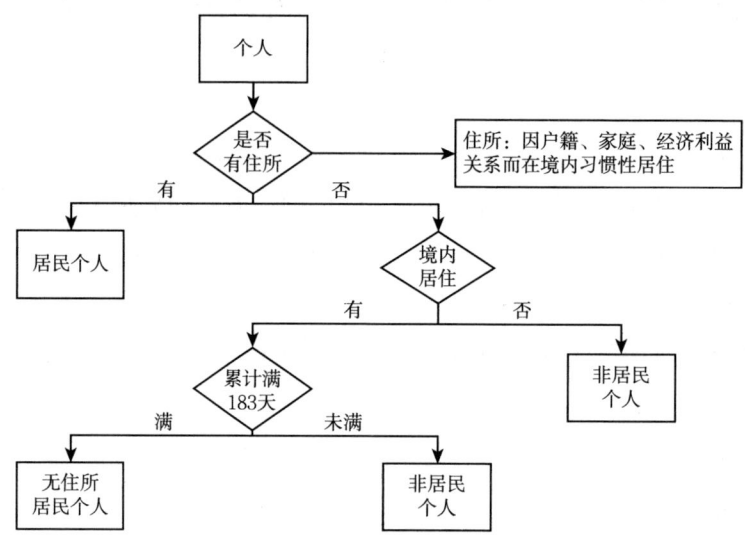

图 2　居民个人和非居民个人判定示意图

【提示点】无住所居民个人取得综合所得，年度终了后，应将年度工资薪金收入额、劳务报酬收入额、稿酬收入额、特许权使用费收入额汇总，计算缴纳个人所得税。需要办理汇算清缴的，依法办理汇算清缴。

无住所居民个人在计算综合所得收入额时，可以享受专项附加扣除。其中，无住所居民个人为外籍个人的，2022 年 1 月 1 日前计算工资薪金收入额时，可以选择享受住房补贴、子女教育费、语言训练费等八项津补贴优惠政策，也可以选择享受专项附加扣除政策，但二者不可同时享受。

【补充点】由于个人所得税纳税人分为居民个人和非居民个人，其适用的政策不一样，所以阅读政策的时候要关注政策原文的"主语"。

【例】财税〔2018〕164 号文规定，个人与用人单位解除劳动关系取得一次性补偿收入（包括用人单位发放的经济补偿金、生活补助费和其他补助费），在当地上年职工平均工资 3 倍数额以内的部分，免征个人所得税；超过3倍数额的部分，不并入当年综合所得，单独适用综合所得税率表，计算纳税。

因为政策原文的"主语"是"个人"，则居民个人和非居民个人都适用上述解除劳动关系个人所得税政策，居民个人和非居民个人取得解除劳动关系一次性补偿收入都按照上述文件规定计算缴纳个人所得税。

【例】 财税〔2018〕164号文规定，居民个人取得全年一次性奖金，符合《国家税务总局关于调整个人取得全年一次性奖金等计算征收个人所得税方法问题的通知》（国税发〔2005〕9号）规定的，在2021年12月31日前，可选择不并入当年综合所得，以全年一次性奖金收入除以12个月得到的数额，按照本通知所附按月换算后的综合所得税率表（以下简称月度税率表），确定适用税率和速算扣除数，单独计算纳税。

因为政策原文的"主语"是"居民个人"，则居民个人适用上述全年一次性奖金个人所得税政策，非居民个人不适用，居民个人取得全年一次性奖金都按照上述文件规定计算缴纳个人所得税。非居民个人取得全年一次性奖金按照正常的工资薪金所得规定计算缴纳个人所得税，《财政部 国家税务总局关于非居民个人和无住所居民个人有关个人所得税政策的公告》（财政部 税务总局公告2019年第35号）规定，非居民个人一个月内取得数月奖金，单独按照财政部 税务总局公告2019年第35号公告第二条规定计算当月收入额，不与当月其他工资薪金合并，按6个月分摊计税，不减除费用，适用月度税率表计算应纳税额，在一个公历年度内，对每一个非居民个人，该计税办法只允许适用一次。

知识点014：年初如何判断居民个人和非居民个人

国家税务总局公告2018年第61号文件规定，扣缴义务人向居民个人支付工资、薪金所得时，应当按照累计预扣法计算预扣税款，适用个人所得税预扣率（综合所得税率表），并按月办理扣缴申报。

非居民个人的工资、薪金所得，以每月收入额减除费用五千元后的余额为应纳税所得额；适用个人所得税税率表（按月换算后的综合所得税率表，简称月度税率表）计算应纳税额。

根据文件规定，扣缴义务人向居民个人和非居民个人支付工资薪金所得计算扣缴个人所得税的方法和适用预扣率（税率）都不一样，支付劳务报酬所得、稿酬所得和特许权使用费所得时计算缴纳个人所得税的方法和预扣率（税率）也不一样，所以扣缴义务人向个人支付工资薪金所得、劳务报酬所得、稿酬所得和特许权使用费所得时，首先要判断是居民个人还是非居民个人。

对于支付对象是无住所的个人来说，要判断其是居民个人还是非居民个人，要看其一个纳税年度内在中国境内居住累计是否满183天，年初时无法判断，为降低纳税人的税收遵从成本，《财政部 税务总局关于非居民个人和无住所居民个人有关个人所得税政策的公告》（财政部 税务总局公告2019年第35号）赋予无住所个人预先选择税收居民身份的权利。具体是，无住所个人在一个纳税年度内首次申报时，应当根据合同约定等情况自行判定是居民个人或非居民个人，并按照有关规定进行申报。当预计情况与实际情况不符的，无住所个人再按照规定进行调整。

财政部 税务总局公告2019年第35号公告对此进行规定，无住所个人在一个纳税年度内首次申报时，应当根据合同约定等情况预计一个纳税年度内境内居住天数以及在税收协定规定的期间内境内停留天数，按照预计情况计算缴纳税款。实际情况与预计情况不符的，分别按照以下规定处理：

1. 无住所个人预先判定为非居民个人，因延长居住天数达到居民个人条件的，一个纳税年度内税款扣缴方法保持不变，年度终了后按照居民个人有关规定办理汇算清缴，但该个人在当年离境且预计年度内不再入境的,可以选择在离境之前办理汇算清缴。

2. 无住所个人预先判定为居民个人,因缩短居住天数不能达到居民个人条件的,在不能达到居民个人条件之日起至年度终了15天内,应当向主管税务机关报告,按照非居民个人重新计算应纳税额,申报补缴税款,不加收税收滞纳金。需要退税的,按照规定办理。

3. 无住所个人预计一个纳税年度境内居住天数累计不超过90天,但实际累计居住天数超过90天的,或者对方税收居民个人预计在税收协定规定的期间内境内停留天数不超过183天,但实际停留天数超过183天的,待达到90天或者183天的月度终了后15天内,应当向主管税务机关报告,就以前月份工资薪金所得重新计算应纳税款,并补缴税款,不加收税收滞纳金。

知识点015:无住所个人居住天数如何判断

《财政部 税务总局关于在中国境内无住所的个人居住时间判定标准的公告》(财政部 税务总局公告2019年第34号)规定,无住所个人一个纳税年度内在中国境内累计居住天数,按照个人在中国境内累计停留的天数计算。在中国境内停留的当天满24小时的,计入中国境内居住天数,在中国境内停留的当天不足24小时的,不计入中国境内居住天数。

【例】该个人为香港居民,在深圳工作,每周一早上来深圳上班,周五晚上回香港。周一和周五当天停留都不足24小时,因此不计入境内居住天数,再加上周六、周日2天也不计入,这样,每周可计入的天数仅为3天,按全年52周计算,该个人全年在境内居住天数为156天,未超过183天,不构成居民个人,该个人取得的全部境外所得,就可免缴个人所得税。

【提示点】居住天数、协定停留天数和工作天数。这三个天数的功能不同，如何计算的具体规则也存在差异，纳税人和扣缴义务人在实践中一定要区分清楚，准确把握这三个天数的计算方法，准确计算应缴税款。

1. 居住天数。

居住天数的功能，主要是确定在中国境内无住所的个人，是否具备中国税收居民身份，从而依照个人所得税法的相关规定，确定其在华承担何种纳税义务。举例来说，一个纳税年度内是否居住累计不超过90天，一个纳税年度内是否居住累计满183天等标准，都引用了居住天数的概念。

根据《财政部 税务总局关于在中国境内无住所的个人居住时间判定标准的公告》（财政部 税务总局公告2019年第34号）的规定，无住所个人一个纳税年度内，在中国境内累计居住天数，按照个人在中国境内累计停留的天数计算。在中国境内停留的当天满24小时的，计入中国境内居住天数；在中国境内停留的当天不足24小时的，不计入中国境内居住天数。也就是说，在个人所得税法中，入境、离境当天，均不计入在华居住天数内。

2. 协定停留天数。

协定停留天数，一般应用在双边税收协定中的非独立个人劳务条款或者受雇所得条款中。举例来说，我国与其他国家签订的双边税收协定中，往往会有这样一项条款：在协定规定的期限内，是否停留连续或累计不超过183天。这个"183天"，就属于协定停留天数。

值得注意的是，协定停留天数是国际法中的概念。按照经济合作与发展组织（OECD）和联合国的协定范本解释，在计算天数时，外籍人员中途离境包括在签证有效期内离境又入境，应准予扣除离境的天数。计算实际停留天数应包括在中国境内的所有天数，包括抵、离日当日等不足一天的任何天数及周末、节假日，以及从事该项受雇活动之前、期间及以后在中国度过的假期等。

目前，实务中关于协定停留天数的计算规则，主要按照《国家税务总局关于印发〈中华人民共和国政府和新加坡共和国政府关于对所得避免双重征税和防止偷漏税的协定〉及议定书条文解释的通知》（国税发〔2010〕75 号，以下简称 75 号文件）的具体规定来执行。在确定协定停留天数时，入境、离境当天，都按 1 天计算在华逗留天数内，这与居住天数的计算规则显然不同。

3. 工作天数。

工作天数的功能，则是对在中国境内无住所个人的所得来源地进行划分，从而确定哪部分所得需要在中国境内缴税。

对工作天数的计算规则，《财政部 税务总局关于非居民个人和无住所居民个人有关个人所得税政策的公告》（财政部 税务总局公告 2019 年第 35 号）作了详细规定：个人取得归属于中国境内工作期间的工资、薪金所得为来源于境内的工资、薪金所得。境内工作期间，按照个人在境内工作天数计算，包括其在境内的实际工作日以及境内工作期间在境内、境外享受的公休假、个人休假、接受培训的天数。在境内、境外单位同时担任职务或者仅在境外单位任职的个人，在境内停留的当天不足 24 小时的，按照半天计算境内工作天数。

因此，在计算工作天数时，出、入境当天应按半天计算在华实际工作天数。同时，离华期间是否要算入工作天数，还需区分离华原因。举例来说，在中国境内无住所的外籍个人，在境内工作期间离华度假或接受培训，离境期间的天数也算在工作天数内。这与居住天数和协定停留天数的计算规则存在差异，在计算居住天数和协定停留天数时，来华就算，离华就不算，不问原因。

值得关注的是，针对港、澳税收居民，《国家税务总局关于执行内地与港澳间税收安排涉及个人受雇所得有关问题的公告》（国家税务总局公告 2012 年第 16 号）规定，港澳税收居民的工作天数的确定方法与居住天数类似，在中国大陆就算，离开中国大陆则不算。同时，入境、离境、往返或多次往返境内外的当日，按半天计算为当期境内实际停留天数。

——摘自《非居民个人在华天数怎么计算》（仲新辉 赵国赟 陈冉）（中国税务报2019年08月30日，版次：07）

知识点016：无住所个人纳税义务规定

个人所得税法实施条例第四条规定，在中国境内无住所的个人，在中国境内居住累计满183天的年度连续不满六年的，经向主管税务机关备案，其来源于中国境外且由境外单位或者个人支付的所得，免予缴纳个人所得税；在中国境内居住累计满183天的任一年度中有一次离境超过30天的，其在中国境内居住累计满183天的年度的连续年限重新起算。

个人所得税法实施条例第五条规定，在中国境内无住所的个人，在一个纳税年度内在中国境内居住累计不超过90天的，其来源于中国境内的所得，由境外雇主支付并且不由该雇主在中国境内的机构、场所负担的部分，免予缴纳个人所得税。

财政部、税务总局公告2019年第34号文件规定，无住所个人一个纳税年度在中国境内累计居住满183天的，如果此前六年在中国境内每年累计居住天数都满183天而且没有任何一年单次离境超过30天，该纳税年度来源于中国境内、境外所得应当缴纳个人所得税；如果此前六年的任一年在中国境内累计居住天数不满183天或者单次离境超过30天，该纳税年度来源于中国境外且由境外单位或者个人支付的所得，免予缴纳个人所得税。

前款所称此前六年，是指该纳税年度的前一年至前六年的连续六个年度，此前六年的起始年度自2019年（含）以后年度开始计算。

根据上述文件规定,"无住所个人纳税人身份及纳税范围判断表"如表1所示:

表1　　　　　　　无住所个人纳税人身份及纳税范围判断表

居住时间	纳税人身份	来源于境内的所得		来源于境外的所得	
		境内支付	境外支付	境内支付	境外支付
不满90日	非居民纳税人	征税	免税	无纳税义务	无纳税义务
满90日不满183天	非居民纳税人	征税	征税	无纳税义务	无纳税义务
183天连续不满6年	居民纳税人	征税	征税	征税	免税
连续满6年	居民纳税人	征税	征税	征税	征税

【例】张先生为香港居民,2013年1月1日来深圳工作,2026年8月30日回到香港工作,在此期间,除2025年2月1日至3月15日临时回香港处理公务外,其余时间一直停留在深圳。

张先生在境内居住累计满183天的年度,如果从2013年开始计算,实际上已经满六年,但是由于2018年之前的年限一律"清零",自2019年开始计算,因此,2019年至2024年期间,张先生在境内居住累计满183天的年度连续不满六年,其取得的境外支付的境外所得,就可免缴个人所得税。

2025年,张先生在境内居住满183天,且从2019年开始计算,他在境内居住累计满183天的年度已经连续满六年(2019年至2024年),且没有单次离境超过30天的情形,2025年,张先生应就在境内和境外取得的所得缴纳个人所得税。

2026年,由于张先生2025年有单次离境超过30天的情形(2025年2月1日至3月15日),其在内地居住累计满183天的连续年限清零,重新起算,2026年当年张先生取得的境外支付的境外所得,可以免缴个人所得税。

——摘自《财政部税政司、税务总局所得税司、税务总局国际税务司负责人就个人所得税183天居住时间判定标准答记者问》

知识点 017：综合所得的范围和内容

个人所得税法第二条规定，居民个人取得工资薪金所得、劳务报酬、稿酬、特许权使用费四项所得为综合所得。

根据上述文件规定，年度汇算的范围和内容，仅指个人所得税综合所得范围的工资薪金、劳务报酬、稿酬、特许权使用费等四项所得；而经营所得、利息股息红利所得、财产租赁所得、财产转让所得和偶然所得，依法均不纳入综合所得计税。所以居民个人取得所得属于哪个应税所得项目非常重要，决定了其计算缴纳个人所得税的方法和是否并入综合所得计算缴纳个人所得税。

【例】个人所得税法实施条例第六条第（五）款规定，经营所得包括个体工商户从事生产、经营活动取得的所得，个人独资企业投资人、合伙企业的个人合伙人来源于境内注册的个人独资企业、合伙企业生产、经营的所得，属于经营所得。实务中，如果合伙企业的合伙人是自然人，在合伙企业任职，取得工资，应比照"经营所得"计算缴纳个人所得税，不属于个人所得税的工资薪金所得。

同时，按照财税〔2018〕164号文件和财政部 税务总局公告2019年第35号文件规定，纳税人取得的可以不并入综合所得计算纳税的收入，也不在年度汇算范围内，如选择单独计税的全年一次性奖金，解除劳动关系、提前退休、内部退养取得的一次性补偿收入等。需要补充说明的是：

1. 纳税人若在取得符合国税发〔2005〕9号文件规定的全年一次性奖金时是单独计算纳税的，年度汇算时也可选择并入综合所得计算纳税。

2. 自2022年1月1日起，居民个人取得全年一次性奖金，应并入当年综合所得计算缴纳个人所得税。

3. 中央企业负责人取得年度绩效薪金延期兑现收入和任期奖励，符合《国家税务总局关于中央企业负责人年度绩效薪金延期兑现收入和任期奖励征收个人所得税问题的通知》（国税发〔2007〕118号）规定的，在2021年12月31日前，参照居民个人取得全年一次性奖金政策执行；2022年1月1日之后的政策另行明确。

4. 居民个人取得股票期权、股票增值权、限制性股票、股权奖励等股权激励，符合规定的，在2021年12月31日前，不并入当年综合所得，全额单独适用综合所得税率表，计算纳税，2022年1月1日之后的股权激励政策另行明确。

5. 根据税收协定中特许权使用费条款或者技术服务费条款，对方税收居民取得特许权使用费或技术服务费，应按不超过税收协定规定的计税所得额和征税比例计算纳税。根据相关规定，无住所居民个人在根据税收协定的居民条款被判定为对方税收居民，并选择享受协定待遇时，可按照税收协定规定的计税所得额和征税比例单独计算应纳税额，不并入综合所得计算纳税。

【补充点】个人所得税（分所得项目）计算与申报一览表（适用居民个人），如表2所示。

表2　个人所得税（分所得项目）计算与申报一览表（适用居民个人）

		综合所得				经营所得	利息股息红利所得	财产租赁所得	财产转让所得	偶然所得
		工资薪金	劳务报酬所得	稿酬所得	特许权使用费所得					
应纳税所得额的计算	收入额	全额	全额-20%费用	（全额-20%费用）×70%	全额-20%费用	全额	全额	全额	全额	全额
	扣除项目	基本减除费用：60 000元/年				成本、费用和损失	/	800/20%费用	财产原值和合理费用	/
		专项扣除：三险一金（基本养老保险、基本医疗保险、失业保险和住房公积金）								

续表

		综合所得				经营所得	利息股息红利所得	财产租赁所得	财产转让所得	偶然所得
		工资薪金	劳务报酬所得	稿酬所得	特许权使用费所得					
应纳税所得额的计算	扣除项目	专项附加扣除：子女教育/继续教育/大病医疗/住房贷款利息/住房租金/赡养老人				成本、费用和损失	/	800/20%费用	财产原值和合理费用	/
		其他扣除：企业年金、职业年金、符合国家规定的商业健康保险、税收递延型商业养老保险								
	税率	3%～45%（超额累进税率）				5%～35%（超额累进税率）	20%	20%	20%	20%
扣缴义务人		按月/按次预扣预缴全员全额预扣预缴 向纳税人提供所得及税款扣缴信息 纳税人提出代办汇算清缴，取得工资薪金或连续性取得劳务报酬所得的扣缴义务人应当代为办理				不适用	按次预扣预缴 全员全额扣缴申报 向纳税人提供所得及税款扣缴信息			
纳税人义务		年度汇算清缴（如需要） 留存资料备查				按月/季预缴年度汇算清缴	无扣缴义务人/扣缴义务人未扣缴税款的，自行依规申报纳税。			

知识点018：容易混淆综合所得范围的点

1. 离退休人员除按规定领取离退休工资或养老金外，另从原任职单位取得的各类补贴、奖金、实物，不属于《中华人民共和国个人所得税法》第四条规定可以免税的退休工资、离休工资、离休生活补助费。根据《中华人民共和国个人所得税法》及其实施条例的有关规定，离退休人员从原任职单位取得的各类补贴、奖金、实物，应在减除费用扣除标准后，按"工资、薪金所得"应税项目缴纳个人所得税。

——摘自《国家税务总局关于离退休人员取得单位发放离退休工资以外奖金补贴征收个人所得税的批复》（国税函〔2008〕723号）

2. 退休人员再任职。

退休人员再任职取得的收入，在减除按个人所得税法规定的费用扣除标准后，按"工资、薪金所得"应税项目缴纳个人所得税，其中"退休人员再任职"应同时符合下列条件：

（1）受雇人员与用人单位签订一年以上（含一年）劳动合同（协议），存在长期或连续的雇用与被雇用关系；

（2）受雇人员因事假、病假、休假等原因不能正常出勤时，仍享受固定或基本工资收入；

（3）受雇人员的职务晋升、职称评定等工作由用人单位负责组织。

——摘自《国家税务总局关于印发〈征收个人所得税若干问题的规定〉的通知》（国税发〔1994〕089号）、《国家税务总局关于影视演职人员个人所得税问题的批复》（国税函〔1997〕385号）、《国家税务总局关于个人兼职和退休人员再任职取得收入如何计算征收个人所得税问题的批复》（国税函〔2005〕382号）、《国家税务总局关于个人所得税有关问题的公告》（国家税务总局公告2011年第27号）

3. 关于董事费征税问题。

（1）《国家税务总局关于印发〈征收个人所得税若干问题的规定〉的通知》（国税发〔1994〕89号）第八条规定的董事费按劳务报酬所得项目征税方法，仅适用于个人担任公司董事、监事，且不在公司任职、受雇的情形。

（2）个人在公司（包括关联公司）任职、受雇，同时兼任董事、监事的，应将董事费、监事费与个人工资收入合并，统一按工资、薪金所得项目缴纳个人所得税。

——摘自《国家税务总局关于明确个人所得税若干政策执行问题的通知》（国税发〔2009〕121号）

4. 企业为个人购买房屋或其他财产。

（1）根据《中华人民共和国个人所得税法》和《财政部 国家税务总局关于规范个人投资者个人所得税征收管理的通知》（财税〔2003〕158号）的有关规定，符合以下情形的房屋或其他财产，不论所有权人是否将财产无偿或有偿交付企业使用，其实质均为企业对个人进行了实物性质的分配，应依法计征个人所得税。

①企业出资购买房屋及其他财产，将所有权登记为投资者个人、投资者家庭成员或企业其他人员的；

②企业投资者个人、投资者家庭成员或企业其他人员向企业借款用于购买房屋及其他财产，将所有权登记为投资者、投资者家庭成员或企业其他人员，且借款年度终了后未归还借款的。

（2）对个人独资企业、合伙企业的个人投资者或其家庭成员取得的上述所得，视为企业对个人投资者的利润分配，按照"个体工商户的生产、经营所得"项目计征个人所得税；对除个人独资企业、合伙企业以外其他企业的个人投资者或其家庭成员取得的上述所得，视为企业对个人投资者的红利分配，按照"利息、股息、红利所得"项目计征个人所得税；对企业其他人员取得的上述所得，按照"工资、薪金所得"项目计征个人所得税。

——摘自《财政部 国家税务总局关于企业为个人购买房屋或其他财产征收个人所得税问题的批复》（财税〔2008〕83号）

5. 企业实行个人承包、承租经营后，如果工商登记仍为企业的，不管其分配方式如何，均应先按照企业所得税的有关规定缴纳企业所得税。承包经营、承租经营者按照承包、承用经营合同（协议）规定取得的所得，依照个人所得税法的有关规定缴纳个人所得税，具体为：

（1）承包、承租人对企业经营成果不拥有所有权，仅是按合同（协议）规定取得一定所得的，其所得按工资、薪金所得项目征税，适用5%~45%的9级超额累进税率（备注：现适用3%至45%的七级超额累进税率）。

（2）承包、承租人按合同（协议）的规定只向发包、出租方交纳一定费用后，企业经营成果归其所有的，承包、承租人取得的所得，按对企事业单位的承包经营、承租经营所得项目，适用5%～35%的5级超额累进税率征税。

——摘自《国家税务总局关于个人对企事业单位实行承包经营、承租经营取得所得征税问题的通知》（国税发〔1994〕179号）

6. 凡与单位存在工资、人事方面关系的人员，其为本单位工作所取得的报酬，属于"工资、薪金所得"应税项目征税范围；而其因某一特定事项临时为外单位工作所取得的报酬，不属于税法中所说的"受雇"，应是"劳务报酬所得"应税项目征税范围。因此，对电影制片厂导演、演职人员参加本单位的影视拍摄所取得的报酬，应按"工资、薪金所得"应税项目计征个人所得税。对电影制片厂为了拍摄影视片而临时聘请非本厂导演、演职人员，其所取得的报酬，应按"劳务报酬所得"应税项目计征个人所得税。

创作的影视分镜头剧本，用于拍摄影视片取得的所得，不能按稿酬所得计征个人所得税，应比照上述有关原则确定应税项目计征个人所得税；但作为文学创作而在书刊杂志上出版、发表取得的所得，应按"稿酬所得"应税项目计征个人所得税。

——摘自《国家税务总局关于影视演职人员个人所得税问题的批复》（国税函〔1997〕385号）

7. 关于报刊、杂志、出版等单位的职员在本单位的刊物上发表作品、出版图书取得所得征税的问题。

（1）任职、受雇于报刊、杂志等单位的记者、编辑等专业人员，因在本单位的报刊、杂志上发表作品取得的所得，属于因任职、受雇而取得的所得，应与其当月工资收入合并，按"工资、薪金所得"项目征收个人所得税。

除上述专业人员以外，其他人员在本单位的报刊、杂志上发表作品取得的所得，应按"稿酬所得"项目征收个人所得税。

（2）出版社的专业作者撰写、编写或翻译的作品，由本社以图书形式出版而取得的稿费收入，应按"稿酬所得"项目计算缴纳个人所得税。

——摘自《国家税务总局关于个人所得税若干业务问题的批复》（国税函〔2002〕146号）

8. 由单位接受约稿，然后组织个人从事著译书籍、书画，完成约稿后，由接受约稿的单位收取稿费，将其中部分稿费发给著译书籍、书画的个人，同意只就个人实得的稿费收入，按劳务报酬所得征收个人所得税。

——摘自《财政部　税务总局关于对稿费征收个人所得税问题的批复》（〔80〕财税外字第50号）

9. 承包建筑安装业各项工程作业的承包人取得的所得，应区别不同情况计征个人所得税：经营成果归承包人个人所有的所得，或按照承包合同（协议）规定，将一部分经营成果留归承包人个人的所得，按对企事业单位的承包经营、承租经营所得项目征税；以其他分配方式取得的所得，按工资、薪金所得项目征税。

从事建筑安装业的个体工商户和未领取营业执照承揽建筑安装业工程作业的建筑安装队和个人，以及建筑安装企业实行个人承包后工商登记改变为个体经济性质的，其从事建筑安装业取得的收入应依照个体工商户的生产、经营所得项目计征个人所得税。

从事建筑安装业工程作业的其他人员取得的所得，分别按照工资、薪金所得项目和劳务报酬所得项目计征个人所得税。

——摘自《国家税务总局关于印发〈建筑安装业个人所得税征收管理暂行办法〉的通知》（国税发〔1996〕127号）

10. 根据《中华人民共和国个人所得税法实施条例》的规定，个人因在各行各业做出突出贡献而从省级以下人民政府及其所属部门取得的一次性奖励收入，不论其奖金来源于何处，均不属于税法所规定的免税范畴，应按"偶然所得"项目征收个人所得税。

——摘自《国家税务总局关于个人取得的奖金收入征收个人所得税问题的批复》（国税函〔1998〕293号）

11. 作者去世后,对取得其遗作稿酬的个人,按稿酬所得征收个人所得税。

——摘自《国家税务总局关于印发〈征收个人所得税若干问题的规定〉的通知》(国税发〔1994〕089号)

12. 作者将自己的文字作品手稿原件或复印件公开拍卖(竞价)取得的所得,应按特许权使用费所得项目征收个人所得税。

——摘自《国家税务总局关于印发〈征收个人所得税若干问题的规定〉的通知》(国税发〔1994〕089号)

13. 按照我国现行个人所得税法律法规有关规定,对商品营销活动中,企业和单位对营销业绩突出人员以培训班、研讨会、工作考察等名义组织旅游活动,通过免收差旅费、旅游费对个人实行的营销业绩奖励(包括实物、有价证券等),应根据所发生费用全额计入营销人员应税所得,依法征收个人所得税,并由提供上述费用的企业和单位代扣代缴。其中,对企业雇员享受的此类奖励,应与当期的工资薪金合并,按照"工资、薪金所得"项目征收个人所得税;对其他人员享受的此类奖励,应作为当期的劳务收入,按照"劳务报酬所得"项目征收个人所得税。

——摘自《财政部 国家税务总局关于企业以免费旅游方式提供对营销人员个人奖励有关个人所得税政策的通知》(财税〔2004〕11号)

知识点019:劳务报酬所得、稿酬所得、特许权使用费所得预扣预缴与汇算清缴环节不一样

居民个人取得劳务报酬所得、稿酬所得、特许权使用费所得预扣预缴与年度汇算清缴有以下不同之处:

一是收入额的计算方法不同。

1. 预扣预缴时,劳务报酬所得、稿酬所得、特许权使用费所得收入额为每次收入减除费用后的余额,其中,"收入不超过四千元的,费用按八百元计算;每次收入四千元以上的,费用按百分之二十计算",其中稿酬所得的收入额减按百分之七十计算。

2. 年度汇算清缴时,劳务报酬所得、稿酬所得、特许权使用费所得收入额不管是否超过四千元,都为收入减除百分之二十的费用后的余额,其中稿酬所得的收入额减按百分之七十计算;

【例】某居民个人一个纳税年度内,劳务报酬所得只取得一次收入为1 700元,不考虑其他情况,支付单位预扣预缴个人所得税时,由于没超过4 000元,费用按800元计算,则收入额为900元,即应预扣预缴个人所得税180元(900×20%);年度汇算清缴时,虽然劳务报酬所得收入没超过4 000元,但是计算综合所得收入额,费用按340元(1 700×20%)计算减除,然后汇总其他三项所得的收入额按规定计算个人所得税应纳税额。

二是可扣除的项目不同。

1. 预扣预缴时,根据个人所得税法及其实施条例规定,劳务报酬所得、稿酬所得、特许权使用费所得日常预扣预缴税款时暂不减除专项附加扣除。

2. 年度汇算清缴时,居民个人的劳务报酬所得、稿酬所得、特许权使用费所得和工资、薪金所得属于综合所得,年度汇算清缴时以四项所得的合计收入额减除费用六万元以及专项扣除、专项附加扣除和依法确定的其他扣除后的余额,为应纳税所得额。

三是适用的税率/预扣率不同。

1. 预扣预缴时,劳务报酬所得适用单独个人所得税预扣率表,稿酬所得、特许权使用费所得适用百分之二十的比例预扣率。

2. 年度汇算清缴时,各项所得合并适用3%~45%的超额累进税率。

【例】某居民个人在 2020 年出版了一本著作，取得稿酬所得 30 万元，其在 2020 年度无其他综合所得，其 2020 年可以享受全年 6 万元基本费用减除、个人自行缴纳负担"三险一金"全年 10 000 元和 36 000 元赡养老人和子女教育费专项附加扣除，无其他扣除项目。

出版社支付该居民个人稿酬所得时，应按 20% 的单一比例税率计算预缴税款，且不考虑其他扣除项目，则应预缴税款 = 300 000 × (1 - 20%) × 70% × 20% = 33 600（元）。

该居民个人在做 2020 年度汇算清缴时，计算 2020 年的年度应纳税额：

1. 计算应纳税所得额可以扣除减除费用六万元以及专项扣除、专项附加扣除和依法确定的其他扣除后，则应纳税所得额 = 300 000 × (1 - 20%) × 70% - 60 000 - 10 000 - 36 000 = 62 000（元）。

2. 查找适用税率和速算扣除数。

不是单一适用税率 20%，查综合所得适用税率和速算扣除数，适用税率 10%，速算扣除数 2 520。

3. 计算应纳税额：

应纳税额 = 62 000 × 10% - 2 520 = 3 680（元）

4. 年度汇算清缴申请退税。

年度汇算应退税额 = 已预缴税额 - 应纳税额 = 33 600 - 3 680 = 29 920（元）。

知识点 020：居民个人工资薪金如何预扣预缴个人所得税

国家税务总局公告 2018 年第 61 号文件规定，扣缴义务人向居民个人支付工资、薪金所得时，应当按照累计预扣法计算预扣税款，并按月办理扣缴申报。

累计预扣法，是指扣缴义务人在一个纳税年度内预扣预缴税款时，以纳税人在本单位截至当前月份工资、薪金所得累计收入减除累计免税收入、累计减除费用、累计专项扣除、累计专项附加扣除和累计依法确定的其他扣除后的余额为累计预扣预缴应纳税所得额，适用个人所得税预扣率表一（综合所得税率表），计算累计应预扣预缴税额，再减除累计减免税额和累计已预扣预缴税额，其余额为本期应预扣预缴税额。余额为负值时，暂不退税。纳税年度终了后余额仍为负值时，由纳税人通过办理综合所得年度汇算清缴，税款多退少补。

具体计算公式如下：本期应预扣预缴税额＝（累计预扣预缴应纳税所得额×预扣率－速算扣除数）－累计减免税额－累计已预扣预缴税额

累计预扣预缴应纳税所得额＝累计收入－累计免税收入－累计减除费用－累计专项扣除－累计专项附加扣除－累计依法确定的其他扣除

其中：累计减除费用按照 5 000 元/月乘以纳税人当年截至本月在本单位的任职受雇月份数计算。

居民个人向扣缴义务人提供有关信息并依法要求办理专项附加扣除的，扣缴义务人应当按照规定在工资、薪金所得按月预扣预缴税款时予以扣除，不得拒绝。

根据上述文件规定，新个人所得税法采用的是综合所得按年度纳税，并在工薪所得预扣预缴环节采用累计预扣法。

1. 工薪所得预扣预缴环节采用累计预扣法的原因。

（1）减轻了征纳双方的工作量。

工薪所得预扣预缴环节采用累计预扣法，这对大部分只有一处工薪所得的纳税人来说，纳税年度终了时，预扣预缴的税款基本等于其年度应纳税款，次年无须再办理汇算清缴申报，大大减轻了征纳双方的工作量。

（2）"递延纳税"的效果。

预缴税额前低后高，从现金流角度讲，还有"递延纳税"的效果，纳税人可获得货币"时间价值",节约资金成本。实际上,累计预扣法的实施,减少了员工的资金占用,相当于给员工提供了一笔无息贷款。

需要提醒的是,可以放心,只要全年工资、薪金所得保持一致,个人所得税的税收负担是一样的,全年收入无论怎样分配到各个月份,全年的整体应纳税额都是相同的。因此,对工资收入预扣预缴个人所得税计算方法进行调整带来的"前低后高、逐渐增加"的正常现象,全年看,未多扣纳税人税款,也没有影响纳税人享受个人所得税改革减税红利。

2. 累计预扣法的关键点。

按年度计算,收入和减除费用以及专项扣除、专项附加扣除和依法确定的其他扣除后都是按照年度计算,采用的"累计"方法计算。以前工资薪金所得单独按月计算,不考虑上个月的收入及减除费用和扣除的情况。

通俗地说,某居民个人 2020 年 1 月份工资扣除专项扣除、专项附加扣除和依法确定的其他扣除后的余额 4 200 元,不到当月减除费用 5 000 元,不考虑其他情况,1 月份应预扣预缴税额 0 元;2020 年 2 月份工资扣除专项扣除、专项附加扣除和依法确定的其他扣除后的余额 6 000 元,扣除减除费用 5 000 元和 1 月"未足额扣除"的月余额 800 元(5 000 - 4 200)后余额 200 元为 2 月份的累计预扣预缴应纳税所得额,则 2 月份应预扣预缴税额 6 元(200×3%)。以前工资薪金所得单独按月计算,就不能扣除 1 月"未足额扣除"的余额 800 元。

需要提醒的是,这种累计是在一个纳税年度内,不允许跨纳税年度累计。

【例】某员工 2019 年 3 月份向单位首次报送其正在上幼儿园的 4 岁女儿相关信息。则 3 月份该员工可在本单位发工资时扣除子女教育支出 3 000 元(1000 元/月×3 个月)。

如果另一员工 2019 年 3 月份向单位首次报送其正在上幼儿园的女儿相关信息,且女儿 3 月份刚满 3 周岁,则可以扣除子女教育支出仅为 1 000 元(1 000 元/月×1 个月)。

【例】某员工2020年4月份向单位首次报送其正在上幼儿园的6岁女儿相关信息,且2019年度夫妻双方都没有扣除子女教育专项附加,4月份该员工只能在本单位发工资时扣除子女教育支出4 000元(1 000元/月×4个月)。

【例】某员工2019年3月新入职本单位开始领工资,其5月份才首次向单位报送正在上幼儿园的4岁女儿相关信息。则5月份该员工可在本单位发工资时扣除的子女教育支出金额为3 000元(1 000元/月×3个月)。

知识点021:居民个人工资薪金所得预扣预缴计算

某居民个人在境内企业任职,2019年1月~12月每月在企业取得工资薪金税前收入16 000元,无免税收入;每月缴纳三险一金2 500元,从1月份开始享受子女教育和赡养老人专项附加扣除共计为3 000元,无其他扣除。

(1)2019年1月:

1月累计预扣预缴应纳税所得额=累计收入-累计免税收入-累计减除费用-累计专项扣除-累计专项附加扣除-累计依法确定的其他扣除=16 000-5 000-2 500-3 000=5 500(元),对应税率为3%。

1月应预扣预缴税额=(累计预扣预缴应纳税所得额×预扣率-速算扣除数)-累计减免税额-累计已预扣预缴税额=5 500×3%=165(元)。

2019年1月,甲企业在发放工资环节预扣预缴个人所得税165元。

(2)2019年2月:

2月累计预扣预缴应纳税所得额=累计收入-累计免税收入-累计

减除费用 - 累计专项扣除 - 累计专项附加扣除 - 累计依法确定的其他扣除 = 16 000 × 2 - 5 000 × 2 - 2 500 × 2 - 3 000 × 2 = 11 000 元，对应税率为 3%。

2 月应预扣预缴税额 = （累计预扣预缴应纳税所得额 × 预扣率 - 速算扣除数） - 累计减免税额 - 累计已预扣预缴税额 = 11 000 × 3% - 165 = 165（元）。

2019 年 2 月，甲企业在发放工资环节预扣预缴个人所得税 165 元。

（3）2019 年 3 月：

3 月累计预扣预缴应纳税所得额 = 累计收入 - 累计免税收入 - 累计减除费用 - 累计专项扣除 - 累计专项附加扣除 - 累计依法确定的其他扣除 = 16 000 × 3 - 5 000 × 3 - 2 500 × 3 - 3 000 × 3 = 16 500 元，对应税率为 3%。

3 月应预扣预缴税额 = （累计预扣预缴应纳税所得额 × 预扣率 - 速算扣除数） - 累计减免税额 - 累计已预扣预缴税额 = 16 500 × 3% - 165 - 165 = 165（元）。

2019 年 3 月，甲企业在发放工资环节预扣预缴个人所得税 165 元。

按上述方法以此类推，计算得出陈先生各月个人所得税预扣预缴情况明细表，如表 3 所示。

表 3　2019 年 1～12 月工资薪金个人所得税预扣预缴计算表　　单位：元

月份	工资薪金收入	费用扣除标准	专项扣除	专项附加扣除	应纳税所得额	税率	速算扣除数	累计应纳税额	当月应纳税额
1 月	16 000	5 000	2 500	3 000	5 500	3%	0	165	165
2 月	16 000	5 000	2 500	3 000					
累计	32 000	10 000	5 000	6 000	11 000	3%	0	330	165
3 月	16 000	5 000	2 500	3 000					
累计	48 000	15 000	7 500	9 000	16 500	3%	0	495	165
4 月	16 000	5 000	2 500	3 000					
累计	64 000	20 000	10 000	12 000	22 000	3%	0	660	165

续表

月份	工资薪金收入	费用扣除标准	专项扣除	专项附加扣除	应纳税所得额	税率	速算扣除数	累计应纳税额	当月应纳税额
5月	16 000	5 000	2 500	3 000					
累计	80 000	25 000	12 500	15 000	27 500	3%	0	825	165
6月	16 000	5 000	2 500	3 000					
累计	96 000	30 000	15 000	18 000	33 000	3%	0	990	165
7月	16 000	5 000	2 500	3 000					
累计	112 000	35 000	17 500	21 000	38 500	10%	2 520	1 330	340
8月	16 000	5 000	2 500	3 000					
累计	128 000	40 000	20 000	24 000	44 000	10%	2 520	1 880	550
9月	16 000	5 000	2 500	3 000					
累计	144 000	45 000	22 500	27 000	49 500	10%	2 520	2 430	550
10月	16 000	5 000	2 500	3 000					
累计	160 000	50 000	25 000	30 000	55 000	10%	2 520	2 980	550
11月	16 000	5 000	2 500	3 000					
累计	176 000	55 000	27 500	33 000	60 500	10%	2 520	3 530	550
12月	16 000	5 000	2 500	3 000					
累计	192 000	60 000	30 000	36 000	66 000	10%	2 520	4 080	550

知识点022：为何年度内个人月工资薪金相同个人所得税不同

国家税务总局公告2018年第61号文件规定，扣缴义务人向居民个人支付工资、薪金所得时，应当按照累计预扣法计算预扣税款，并按月办理扣缴申报。实施累计预扣法，即使全年每月收入是均等的，但是累计预扣预缴应纳税所得额的渐进性，因此所适用税率也是渐进的，即有可能越来越大，因此每个月预扣预缴的税额也是渐进的，有可能越来越多。

【例】2020年每月应发工资均为30 000元，每月减除费用5 000元，个人负担"三险一金"为4 500元，享受子女教育、赡养老人两项专项附加扣除共计2 000元，假设没有减免收入及减免税额等情况。以前三个月为例，应当按照累计预扣法计算各月应预扣预缴税额：

1月份：（30 000 − 5 000 − 4 500 − 2 000）×3% = 555（元）；

2月份：（30 000×2 − 5 000×2 − 4 500×2 − 2 000×2）×10% − 2 520 − 555 = 625（元）；

3月份：（30 000×3 − 5 000×3 − 4 500×3 − 2 000×3）×10% − 2 520 − 555 − 625 = 1 850（元）。

上述计算结果表明，由于2月份累计预扣预缴应纳税所得额为37 000元，已适用10%的税率，即使每月应纳税所得额一样，2月份和3月份应预扣预缴税款也会有所增加。所以，即使全年每个月收入是均等的，但是累计预扣预缴应纳税所得额逐月增加，适用税率越大，每个月预扣预缴的税额逐月也就可能增大。

【例】接上例，该员工由于2020年4月请假等原因，取得工资薪金收入10 000元，则4月份工资薪金预扣预缴税额：

4月份：（30 000×3 + 10 000 − 5 000×4 − 4 500×4 − 2 000×4）×10% − 2 520 − 555 − 625 − 1 850 = −150元；

上述余额为负值时，暂不退税。纳税年度终了后应预扣预缴税额余额仍为负值时，由纳税人通过办理综合所得年度汇算清缴，税款多退少补。

知识点023：居民个人取得工资薪金不含税预扣预缴法

单位或个人为纳税义务人负担个人所得税税款，应将纳税义务人取得的不含税收入换算为应纳税所得额，预扣预缴个人所得税。计算公式如下：

（一）累计预扣预缴应纳税所得额=（不含税累计收入额-累计减除费用-累计专项扣除-累计专项附加扣除-累计依法确定的其他扣除-速算扣除数）÷（1-税率）

公式中：（1）不含税累计收入额是指包含个人负担缴付"三险一金"金额；

（2）税率和速算扣除数，是指不含税所得按"个人所得税预扣率表"（居民个人工资、薪金所得预扣预缴适用）的不含税级距表，对应的税率和速算扣除数（详见表4）。

表4　居民个人工资薪金预扣预缴个人所得税率表（不含税级距）

级数	不含税级距累计预扣预缴应纳税所得额	预扣率（%）	速算扣除数
1	不超过34 920元的部分	3	0
2	超过34 920元至132 120元的部分	10	2 520
3	超过132 120元至256 920元的部分	20	16 920
4	超过256 920元至346 920元的部分	25	31 920
5	超过346 920元至514 920元的部分	30	52 920
6	超过514 920元至709 920元的部分	35	85 920
7	超过709 920元的部分	45	181 920

备注：

1. 表中所列含税级距与不含税级距，均为按照税法规定预扣预缴时，减除了减除费用、专项扣除、专项附加扣除和依法确定的其他扣除后的所得额。

2. 含税级距适用于由纳税人负担税款的工资、薪金所得；不含税级距适用于由他人（单位）代付税款的工资、薪金所得。

（二）累计应预扣预缴税额=累计预扣预缴应纳税所得额×适用税率-速算扣除数

公式中的税率和速算扣除数，是指应纳税所得额按个人所得税预扣率表一（综合所得税率表），对应的税率和速算扣除数。

（三）本期应预扣预缴税额=累计应预扣预缴税额-累计减免税额-累计已预扣预缴税额

（四）本期工资总额=本期不含税收入额+本期应预扣预缴税额

【例】陈先生在甲企业任职，2019年1月~12月每月在甲企业取得工资薪金不含税收入30 000元（含个人负担缴付"三险一金"），无免税收入；每月缴纳"三险一金"2500元，从1月份开始享受子女教育和赡养老人专项附加扣除共计为3 000元，无其他扣除。

1. 2019年1月：

第一步：1月累计预扣预缴应纳税所得额=（不含税累计收入额-累计减除费用-累计专项扣除-累计专项附加扣除-累计依法确定的其他扣除-速算扣除数）÷（1-税率）=（30 000-5 000-2 500-3 000-0）÷（1-3%）=20 103.09（元）

其中：不含税累计收入额-累计减除费用-累计专项扣除-累计专项附加扣除-累计依法确定的其他扣除=30 000-5 000-2 500-3 000=19 500元，对应税率为3%，速算扣除数为0。

第二步：累计预扣预缴应纳税所得额20 103.09元，对应税率为3%。

1月应预扣预缴税额=（累计预扣预缴应纳税所得额×预扣率-速算扣除数）-累计减免税额-累计已预扣预缴税额=（20 103.09×3%-0）-0=603.09（元）

2019年1月，甲企业在发放工资环节预扣预缴个人所得税603.09元，含税工资为30 603.09元（30 000+603.09）

2. 2019年2月：

第一步：2月累计预扣预缴应纳税所得额=（不含税累计收入额-累计减除费用-累计专项扣除-累计专项附加扣除-累计依法确定的其他扣除-速算扣除数）÷（1-税率）=（30 000×2-5 000×2-2 500×2-3 000×2-2 520）÷（1-10%）=40 533.33（元）

其中：不含税累计收入额-累计减除费用-累计专项扣除-累计专项附加扣除-累计依法确定的其他扣除=30 000×2-5 000×2-2 500×2-3 000×2=39 000元，对应税率为10%，速算扣除数为2 520。

第二步：累计预扣预缴应纳税所得额 40 533.33 元，对应税率为 10%，速算扣除数为 2 520。

2 月应预扣预缴税额 =（累计预扣预缴应纳税所得额 × 预扣率 − 速算扣除数）− 累计减免税额 − 累计已预扣预缴税额 =（40 533.33 × 10% − 2 520）− 0 − 603.09 = 1 533.33 − 603.09 = 930.24（元）。

2019 年 2 月，甲企业在发放工资环节预扣预缴个人所得税 930.24 元，含税工资为 30 930.24 元（30 000 + 930.24）。

3. 2019 年 3~12 月，由此类推，此处省略。

知识点 024：个人同时取得两处工资薪金的个人所得税实务

（一）个人能否同时取得两处工资薪金

个人所得税法实施条例第二十八条规定，纳税人同时从两处以上取得工资、薪金所得，并由扣缴义务人减除专项附加扣除的，对同一专项附加扣除项目，在一个纳税年度内只能选择从一处取得的所得中减除。

上述政策中表述了"纳税人同时从两处以上取得工资、薪金所得"的情形，特别是其中的"同时"二字，说明政策规定允许纳税人可以同时从两处以上取得工资薪金所得，所以说，"纳税人从某单位取得工资薪金所得了，从其他单位必须只能按照劳务报酬所得计算缴纳个人所得税"的说法是错误的。

（二）个人同时取得两处工资薪金如何预扣预缴个人所得税

个人所得税法第九条规定，个人所得税以所得人为纳税人，以支付所得的单位或者个人为扣缴义务人。

《国家税务总局关于办理 2019 年度个人所得税年度汇算清缴事项的公告》（国家税务总局公告 2019 年第 44 号）的解读：另一类是预缴税

额小于应纳税额，应当补税的纳税人。依法补税是纳税人的义务。从有利于纳税人的角度出发，国务院对 2019 年度汇算补税做出了例外性规定，即只有综合所得年收入超过 12 万元且年度汇算补税金额在 400 元以上的纳税人，才需要办理年度汇算并补税。有一些常见情形，将导致年度汇算时需要或可能需要补税，主要如下：

1. 在两个以上单位任职受雇并领取工资薪金，预缴税款时重复扣除了基本减除费用（5 000 元/月）。

【例】某自然人 2020 年度，从受雇 A 单位每月取得工资薪金 9 000 元，从受雇 B 单位每月取得工资薪金 12 000 元，根据上述文件规定，支付所得的单位或者个人为扣缴义务人，对于 A 单位来说，其每月支付所得仅仅是 9 000 元，即其对每月支付的 9 000 元有扣缴义务，对该自然人从其他单位或个人取得所得没有扣缴义务；同样对于 B 单位来说，其每月支付所得仅仅是 12 000 元，即其对每月支付的 12 000 元有扣缴义务，对该自然人从其他单位或个人取得所得没有扣缴义务；则个人取得的两处及以上工资薪金所得，日常由扣缴义务人各自按照规定预扣预缴（代扣代缴）税款，各自扣除减除费用（累计减除费用或每月 5 000 元），从上述国家税务总局公告 2019 年第 44 号）的解读案例也可以证明这一点。

【例】某居民个人在集团公司下属 A、B 两家公司同时任职。2020 年 A、B 公司每月各向其发放工资 15 000 元和 12 000 元，其社会保险和公积金选择在 A 公司缴纳，且个人承担部分为每月 2 000 元，每月专项附加扣除合计 3 600 元，选择在 A 单位扣除，则：

A 公司全年累计预扣预缴应纳税所得额 =（15 000 × 12 − 60 000 − 2 000 × 12 − 3 600 × 12）× 10% − 2 520 = 2 760（元）

B 公司全年累计预扣预缴应纳税所得额 =（12 000 × 12 − 60 000）× 10% − 2 520 = 5 880（元）

该居民个人全年合并应纳税所得额 =［(15 000 + 12 000) × 12 − 5 000 × 12 − 2 000 × 12 − 3 600 × 12］× 20% − 16 920 = 22 440（元）

不考虑其他情况，该居民个人需要在2021年3月1日~6月30日内办理汇算清缴并补税，即22 440 –（2 760 + 5 880）= 13 800（元）。

【补充点】居民个人取得的两处及以上工资薪金所得，日常由扣缴义务人按月预扣预缴税款；年终居民个人符合个人所得税法实施条例第二十五条规定情形的，应当在次年3月1日至6月30日依法办理汇算清缴，其中2019年1月1日至2020年12月31日期间，属于《财政部 税务总局关于个人所得税年度汇算清缴涉及有关政策问题的公告》（财政部 税务总局公告2019年第94号）第一条规定的情形，可免于办理个人所得税年度汇算清缴。

非居民个人2019年取得的两处及以上工资薪金所得，应当在取得所得的次月15日内，向其中一处任职、受雇单位所在地主管税务机关办理纳税申报，并报送"个人所得税自行纳税申报表（A表）"。

知识点025：居民个人劳务报酬预扣预缴个人所得税

国家税务总局公告2018年第61号文件规定，扣缴义务人向居民个人支付劳务报酬所得时，应当按照以下方法按次或者按月预扣预缴税款：

劳务报酬所得以收入减除费用后的余额为收入额。

减除费用：预扣预缴税款时，劳务报酬所得每次收入不超过四千元的，减除费用按八百元计算；每次收入为四千元以上的，减除费用按收入的百分之二十计算。

应纳税所得额：劳务报酬所得以每次收入额为预扣预缴应纳税所得额，计算应预扣预缴税额。劳务报酬所得适用个人所得税预扣率表（居民个人劳务报酬所得预扣预缴），如表5所示。

个人所得税法实施条例第十四条规定，劳务报酬所得、稿酬所得、特许权使用费所得，属于一次性收入的，以取得该项收入为一次；属于同一项目连续性收入的，以一个月内取得的收入为一次。

表5　　　　　　　　个人所得税预扣率表
（居民个人劳务报酬所得预扣预缴）

级数	预扣预缴应纳税所得额	预扣率（%）	速算扣除数
1	不超过20 000元的	20	0
2	超过20 000元至50 000元的部分	30	2 000
3	超过50 000元的部分	40	7 000

【例】某居民个人取得劳务报酬所得收入3 000元（含个人所得税），计算支付单位应预扣预缴税额：

（1）劳务报酬收入3 000元（一次），不超过4 000元，减除费用按800元计算；

（2）劳务报酬所得预扣预缴应纳税所得额＝每次收入－减除费用＝3 000－800＝2 200（元）；

（3）劳务报酬所得预扣预缴税额＝预扣预缴应纳税所得额×预扣率－速算扣除数＝2 200×20%－0＝440（元）。

【提示点】某居民个人取得劳务报酬所得收入3 000元，个人所得税综合所得年终汇算清缴时，纳入综合所得计算缴纳个人所得税的收入额为2 400元（3 000×(1－20%)）。

【例】某居民个人于2020年3月外出给某单位做税务培训，一次取得讲课费劳务报酬（含个人所得税）60 000元。计算该单位应预扣预缴税额：

（1）劳务报酬收入60 000元（一次），大于4 000元，减除费用按收入的20%计算；

（2）劳务报酬所得预扣预缴应纳税所得额＝每次收入－减除费用＝60 000×(1－20%)＝48 000（元）；

（3）劳务报酬所得预扣预缴税额＝预扣预缴应纳税所得额×预扣率－速算扣除数＝48 000×30%－2 000＝12 400（元）。

知识点026：居民个人取得不含税劳务报酬预扣预缴法

根据国家税务总局公告2018年第61号文件规定并参考《国家税务总局关于明确单位或个人为纳税义务人的劳务报酬所得代付税款计算公式的通知》（国税发〔1996〕161号），单位或个人为居民个人负担个人所得税税款的，应将纳税义务人取得的不含税收入额换算为应纳税所得额，计算征收个人所得税。

（1）不含税收入额为3 360元（即含税收入额4 000元）以下的：

预扣预缴应纳税所得额=（不含税收入额-800）÷（1-税率）

（2）不含税收入额为3 360（即含税收入额4 000元）以上的：

预扣预缴应纳税所得额=（不含税收入额-速算扣除数）×（1-20%）÷[1-税率×（1-20%）]

（3）预扣预缴税额=预扣预缴应纳税所得额×预扣率-速算扣除数

备注：公式（1）（2）中的税率，是指不含税所得按不含税级距对应的税率（个人所得税预扣率表三，见表6）；公式（3）中的预扣率，是指应纳税所得额按含税级距对应的税率[个人所得税预扣率表（居民个人劳务报酬所得预扣预缴），见表5]。

表6　　　　　　　　个人所得税预扣率表三

（适用居民个人劳务报酬所得不含税级距预扣预缴）

级数	不含税级距	税率（%）	速算扣除数
1	不超过3 360元的	20	0
2	超过3 360元至21 000元的部分	20	0
3	超过21 000元至49 500元的部分	30	2 000
4	超过49 500元的部分	40	7 000

【例】某居民个人取得劳务报酬所得收入 3 000 元（不含个人所得税，俗称税后），计算支付单位应预扣预缴税额：

其不含税收入额为 3 360 元（即含税收入额 4 000 元）以下的：

（1）预扣预缴应纳税所得额 =（不含税收入额 - 800）÷（1 - 税率）=（3 000 - 800）÷（1 - 20%）= 2 750（元）；

其中，取得税后收入 3 000 元，适用税率为 20%，速算扣除数 0。

（2）预扣预缴税额 = 预扣预缴应纳税所得额 × 预扣率 - 速算扣除数 = 2 750 × 20% - 0 = 550（元）；

（3）测算是否正确：

预扣预缴税额 =（3 000 + 550 - 800）× 20% - 0 = 550（元）。

【例】某居民个人于 2020 年 3 月外出给某单位做税务培训，一次取得讲课费劳务报酬 60 000 元（不含个人所得税）。计算某单位应预扣预缴税额：

其不含税收入额为 3 360（即含税收入额 4 000 元）以上的：

（1）预扣预缴应纳税所得额 =（不含税收入额 - 速算扣除数）×（1 - 20%）÷（1 - 税率 ×（1 - 20%））=（60 000 - 7 000）×（1 - 20%）÷ [1 -（1 - 20%）× 40%] = 62 352.94（元）；

其中，取得税后收入 60 000 元，超过 49 500 元，适用税率为 40%，速算扣除数 7 000。

（2）预扣预缴税额 = 预扣预缴应纳税所得额 × 预扣率 - 速算扣除数 = 62 352.94 × 40% - 7 000 = 17 941.18（元）；

（3）测算是否正确：

预扣预缴税额 =（60 000 + 17 941.18）×（1 - 20%）× 40% - 7 000 = 17 941.18（元）。

知识点 027：工资薪金和劳务报酬的区别

《国家税务总局关于印发〈征收个人所得税若干问题的规定〉的通知》（国税发〔1994〕089号）规定，工资、薪金所得是属于非独立个人劳务活动，即在机关、团体、学校、部队、企事业单位及其他组织中任职、受雇而得到的报酬；劳务报酬所得则是个人独立从事各种技艺、提供各项劳务取得的报酬，两者的主要区别在于，前者存在雇用与被雇用关系，后者则不存在这种关系。

【例】临时工与单位存在雇用关系，按照工资薪金所得申报纳税，若临时工与单位不存在雇用关系，按照劳务报酬所得申报纳税。

知识点 028：居民个人稿酬所得预扣预缴个人所得税

国家税务总局公告 2018 年第 61 号文件规定，扣缴义务人向居民个人支付稿酬所得，应当按照以下方法按次或者按月预扣预缴税款：

稿酬所得以收入减除费用后的余额为收入额，稿酬所得的收入额减按百分之七十计算。

减除费用：预扣预缴税款时，稿酬所得每次收入不超过四千元的，减除费用按八百元计算；每次收入四千元以上的，减除费用按收入的百分之二十计算。

应纳税所得额：稿酬所得，以每次收入额为预扣预缴应纳税所得额，计算应预扣预缴税额。稿酬所得适用百分之二十的比例预扣率。

居民个人办理年度汇算清缴时，应当依法计算工资、薪金所得、劳务报酬所得、稿酬所得、特许权使用费所得的收入额，并入年度综合所得计算应纳税款，税款多退少补。

【提示点】税收名词对于理解政策很重要。

【例】稿酬所得预扣预缴个人所得税时，政策规定"稿酬所得的收入额减按百分之七十计算"，百分之七十的计算基数是稿酬所得的收入额，而稿酬所得的收入额是稿酬所得以收入减除费用后的余额，所以稿酬所得预扣预缴个人所得税时，应该是先减除费用后再按百分之七十计算。

同时，计算减除费用时"稿酬所得每次收入不超过四千元的，减除费用按八百元计算；每次收入四千元以上的，减除费用按收入的百分之二十计算"，不超过四千元的标准是指每次收入，而不是收入的百分之七十。

【例】《财政部 税务总局关于远洋船员个人所得税政策的公告》（财政部 国家税务总局公告2019年第97号）规定，一个纳税年度内在船航行时间累计满183天的远洋船员，其取得的工资薪金收入减按50%计入应纳税所得额，依法缴纳个人所得税。

《江西省财政厅 江西省地方税务局关于调整我省对残疾、孤老人员和烈属个人所得税优惠政策的通知》（赣财法〔2015〕74号）规定，残疾、孤老人员和烈属个人取得的工资、薪金所得，劳务报酬所得，稿酬所得，特许权使用费所得，按应纳个人所得税额减征50%。

上述两个优惠政策文件同样是减50%，但是基数不一样，远洋船员个人减50%的基数是工资薪金收入，但是江西省关于残疾、孤老人员和烈属个人取得的工资、薪金所得，劳务报酬所得，稿酬所得，特许权使用费所得减50%的基数是个人所得税额，如某远洋船员居民个人每月工资薪金18 000元，个人负担"三险一金"2 400元/月，子女教育费等专项附加扣除3 600元/月，不考虑其他情况，因18 000×50% - 5 000 - 2 400 - 3 600 < 0，则一个纳税年度不需要预扣预缴个

人所得税；如上述居民个人是在江西省某单位任职，按规定享受残疾人的个人所得税优惠政策，则一个纳税年度需要预扣预缴个人所得税为 2 940 元（（（18 000×12－60 000－2 400×12－3 600×12）×10%－2 520）×50%）。

需要提醒的是，远洋船员个人适用上述优惠政策仅仅是取得工资薪金所得；江西省相关残疾、孤老人员和烈属税收优惠政策享受范围包括取得的工资、薪金所得，劳务报酬所得，稿酬所得，特许权使用费所得。

【例】某居民个人取得稿酬所得收入 3 000 元，则：

（1）减除费用 = 800 元（当稿酬所得小于等于 4 000 元时）；

（2）收入额（应纳税所得额）=（稿酬所得－扣除费用）×70% =（3 000－800）×70% = 1 540（元）；

（3）应纳税额 = 应纳税所得额×适用预扣率 = 1 540×20% = 308（元）。

【例】某居民个人取得稿酬所得收入 80 000 元，则：

（1）减除费用 = 稿酬所得×20%（当稿酬所得超过 4 000 元时）= 80 000×20% = 16 000（元）；

（2）收入额（应纳税所得额）=（稿酬所得－扣除费用）×70% =（80 000－16 000）×70% = 44 800（元）；

（3）应纳税额 = 应纳税所得额×适用预扣 = 44 800×20% = 8 960（元）。

知识点 029：居民个人取得不含税稿酬所得预扣预缴法

根据国家税务总局公告 2018 年第 61 号文件规定，推算居民个人取得不含税稿酬所得预扣预缴法计算公式：

1. 每次不含税收入不足 3 552 元的。

应纳税所得额 =（不含税收入 - 800）×70% ÷（1 - 70% × 20%）

预扣预缴税款 = 应纳税所得额 × 20%

【例】某居民个人取得稿酬所得预扣预缴个人所得税后 3 000 元，则：

（1）应纳税所得额 =（不含税收入 - 800）×70% ÷（1 - 70% × 20%）=（3 000 - 800）×70% ÷（1 - 70% × 20%）= 1 790.70（元）；

（2）预扣预缴税款 = 应纳税所得额 × 适用预扣率 = 1 790.70 × 20% = 358.14（元）；

（3）测算是否准确：

预扣预缴税款 =［(3 000 + 358.14) - 800］× 70% × 20% = 358.14（元）。

2. 每次不含税收入超过 3 552 元的。

应纳税所得额 = 不含税收入 ×（1 - 20%）× 70% /［1 -（1 - 20%）× 70% × 20%］

预扣预缴税款 = 应纳税所得额 × 适用预扣率

【例】某居民个人取得稿酬所得预扣预缴个人所得税后 80 000 元，则：

（1）应纳税所得额 = 不含税收入 ×（1 - 20%）× 70% /［1 -（1 - 20%）× 70% × 20%］= 80 000 ×（1 - 20%）× 70% /［1 -（1 - 20%）× 70% × 20%］= 50 450.45（元）；

（2）预扣预缴税款 = 应纳税所得额 × 适用预扣率 = 50 450.45 × 20% = 10 090.09（元）；

（3）测算是否准确：

预扣预缴税款 =（80 000 + 10 090.09）×（1 - 20%）× 70% × 20% = 10 090.09（元）。

【补充点】稿酬所得预扣预缴时次数的规定

《国家税务总局关于印发〈征收个人所得税若干问题的规定〉的通

知》(国税发〔1994〕089号)和《国家税务总局关于印发〈广告市场个人所得税征收管理暂行办法〉的通知》(国税发〔1996〕148号)规定:

"1. 个人每次以图书、报刊方式出版、发表同一作品(文字作品、书画作品、摄影作品以及其他作品),不论出版单位是预付还是分笔支付稿酬,或者加印该作品后再付稿酬,均应合并其稿酬所得按一次计征个人所得税。在两处或两处以上出版、发表或再版同一作品而取得稿酬所得,则可分别各处取得的所得或再版所得按分次所得计征个人所得税。

2. 个人的同一作品在报刊上连载,应合并其因连载而取得的所有稿酬所得为一次,按税法规定计征个人所得税。在其连载之后又出书取得稿酬所得,或先出书后连载取得稿酬所得,应视同再版稿酬分次计征个人所得税。

3. 稿酬所得以在图书、报刊上发布一项广告时使用其作品而取得的所得为一次。"

知识点030:居民个人特许权使用费所得预扣预缴税款的计算方法

国家税务总局公告2018年第61号文件规定,扣缴义务人向居民个人支付特许权使用费所得时,应当按照以下方法按次或者按月预扣预缴税款:特许权使用费所得以收入减除费用后的余额为收入额。

减除费用:预扣预缴税款时,特许权使用费所得每次收入不超过四千元的,减除费用按八百元计算;每次收入四千元以上的,减除费用按收入的百分之二十计算。

应纳税所得额:特许权使用费所得,以每次收入额为预扣预缴应纳税所得额,计算应预扣预缴税额。特许权使用费所得适用百分之二十的比例预扣率。

居民个人办理年度汇算清缴时，应当依法计算工资、薪金所得、劳务报酬所得、稿酬所得、特许权使用费所得的收入额，并入年度综合所得计算应纳税款，税款多退少补。

【例】某居民个人取得特许权使用费所得收入3 000元，则：

（1）减除费用=800元（当特许权使用费小于等于4 000元时）；

（2）收入额/应纳税所得额=（特许权使用费所得收入-扣除费用）=（3 000-800）=2 200（元）；

（3）应纳税额=应纳税所得额×适用预扣率=2 200×20%=440（元）。

【例】某居民个人取得特许权使用费所得收入80 000元，则：

（1）减除费用=特许权使用费收入×20%（当特许权使用费超过4 000元时）=80 000×20%=16 000（元）；

（2）收入额/应纳税所得额=（特许权使用费所得收入-扣除费用）=（80 000-16 000）=64 000（元）；

（3）应纳税额=应纳税所得额×适用预扣率=64 000×20%=12 800（元）。

知识点031：居民个人取得不含税特许权使用费预扣预缴法

根据国家税务总局公告2018年第61号文件规定，推算居民个人取得不含税特许权使用费预扣预缴法计算公式为：

1. 每次不含税收入不足3 360元的。

应纳税所得额=（不含税收入-800）÷（1-20%）

预扣预缴税款=应纳税所得额×20%

【例】某居民个人取得特许权使用费所得预扣预缴个人所得税后

3 000 元，则：

（1）应纳税所得额=（不含税收入-800）÷（1-20%）=（3 000-800）÷（1-20%）=2 750（元）；

（2）预扣预缴税款=应纳税所得额×适用预扣率=2 750×20%=550（元）；

（3）测算是否准确：

预扣预缴税款=[（3 000+550）-800]×20%=550（元）。

2. 每次不含税收入超过3 360元的。

应纳税所得额=不含税收入×（1-20%）÷[1-（1-20%）×20%]

预扣预缴税款=应纳税所得额×适用预扣率

【例】某居民个人取得特许权使用费所得预扣预缴个人所得税后80 000元，则：

（1）应纳税所得额=不含税收入×（1-20%）÷[（1-（1-20%）×20%]=80 000×（1-20%）÷[1-（1-20%）×20%]=76 190.48（元）；

（2）预扣预缴税款=应纳税所得额×适用预扣率=76 190.48×20%=15 238.10（元）；

（3）测算是否准确：

预扣预缴税款=（80 000+15 238.10）×（1-20%）×20%=15 238.10（元）。

知识点032：非居民个人取得工资、薪金所得，劳务报酬所得，稿酬所得和特许权使用费所得代扣代缴税款的计算方法

个人所得税法第六条规定，非居民个人的工资、薪金所得，以每月

收入额减除费用五千元后的余额为应纳税所得额；劳务报酬所得、稿酬所得、特许权使用费所得，以每次收入额为应纳税所得额。

劳务报酬所得、稿酬所得、特许权使用费所得以收入减除百分之二十的费用后的余额为收入额。稿酬所得的收入额减按百分之七十计算。

根据个人所得税法，《个人所得税税率表一》注2：非居民个人取得工资、薪金所得，劳务报酬所得，稿酬所得和特许权使用费所得，依照《个人所得税税率表一》按月换算后计算应纳税额。

根据上述文件规定，"非居民个人取得工资、薪金所得，劳务报酬所得，稿酬所得和特许权使用费所得代扣代缴个人所得税计算表"如表7所示：

表7　　非居民个人取得工资、薪金所得，劳务报酬所得，稿酬所得和特许权使用费所得代扣代缴个人所得税计算表

应税所得项目	方式	应纳税所得额	应纳税额
工资、薪金所得	按月	每月收入 - 5 000	（每月收入额 - 5 000 - 准予扣除公益慈善事业捐赠额）×适用税率 - 速算扣除数
劳务报酬所得	按次	每次收入×80%	（每次收入额 - 准予扣除公益慈善事业捐赠额）×适用税率 - 速算扣除数
特许权使用费所得	按次	每次收入×80%	
稿酬所得	按次	每次收入×80%×70%	

【提示点】1. 非居民个人取得工资、薪金所得以每月收入额减除费用五千元后的余额为应纳税所得额，取得劳务报酬所得，稿酬所得和特许权使用费所得计算缴纳个人所得税时，不减除费用五千元。

2. 非居民个人取得工资、薪金所得，劳务报酬所得，稿酬所得和特许权使用费所得计算缴纳个人所得税适用的税率是依照《个人所得税税率表一（综合所得适用）》按月换算后，再计算应纳税额，如表8所示。

表 8　　　　　　　　个人所得税税率表

（非居民个人工资、薪金所得，劳务报酬所得，稿酬所得，特许权使用费所得适用）

级数	全月应纳税所得额	税率（%）	速算扣除数
1	不超过 3 000 元的	3	0
2	超过 3 000 元至 12 000 元的部分	10	210
3	超过 12 000 元至 25 000 元的部分	20	1 410
4	超过 25 000 元至 35 000 元的部分	25	2 660
5	超过 35 000 元至 55 000 元的部分	30	4 410
6	超过 55 000 元至 80 000 元的部分	35	7 160
7	超过 80 000 元的部分	45	15 160

【例】德国人尤利安为非居民个人，2020年4月在我国境内取得收入情况如下：

（1）取得境内甲公司支付的工资薪金12 000元；

（2）取得境内乙公司支付的工资薪金18 000元；

（3）取得境内丙公司讲课费收入50 000元；

（4）在某境内丁杂志社主办杂志发表文章，获得稿酬6 000元；

（5）将其拥有的专利技术提供给境内戊公司使用，收取使用费80 000元。

则2020年4月，德国人尤利安在境内应缴纳个人所得税为：

（1）境内甲公司支付工资的扣缴申报：

应纳税所得额 = 12 000 – 5 000 = 7 000（元）；

适用税率10%，速算扣除数210；

应代扣代缴个人所得税 = 7 000 × 10% – 210 = 490（元）。

（2）取得境内乙公司支付工资的扣缴申报：

应纳税所得额 = 18 000 – 5 000 = 13 000（元）；

适用税率20%，速算扣除数1 410；

应代扣代缴个人所得税 = 13 000 × 20% – 1 410 = 1 190（元）。

【提示点】非居民个人2020年4月取得的两处及以上工资薪金所得，应当在取得所得的次月15日内，向其中一处任职、受雇单位所在地主管税务机关办理纳税申报，并报送"个人所得税自行纳税申报表（A表）"。需要补缴个人所得税。

应纳税所得额 =（12 000 + 18 000）- 5 000 = 25 000（元）；

适用税率20%，速算扣除数1 410；

应代扣代缴个人所得税 = 25 000 × 20% - 1 410 = 3 590（元）；

需要补缴个人所得税 = 3 590 - 490 - 1 190 = 1 910（元）。

（3）取得境内丙公司讲课费（属于劳务报酬所得）的扣缴申报：

应纳税所得额 = 50 000 ×（1 - 20%）= 40 000（元）；

适用税率30%，速算扣除数4 410；

应代扣代缴个人所得税 = 40 000 × 30% - 4 410 = 7 590（元）。

（4）某境内丁杂志社支付稿酬的扣缴申报：

应纳税所得额 = 6 000 ×（1 - 20%）× 70% = 3 360（元）；

适用税率10%，速算扣除数210；

应代扣代缴个人所得税 = 3 360 × 10% - 210 = 126（元）。

（5）境内戊公司代扣代缴特许权使用费所得：

应纳税所得额 = 80 000 ×（1 - 20%）= 64 000（元）；

适用税率35%，速算扣除数7 160；

应代扣代缴个人所得税 = 64 000 × 35% - 7 160 = 15 240（元）。

知识点033：非居民个人取得不含税工资、薪金所得，劳务报酬所得，稿酬所得和特许权使用费所得代扣代缴税款的计算方法

（一）非居民个人取得不含税工资薪金所得

结合《国家税务总局关于印发〈征收个人所得税若干问题的规定〉

的通知》(国税发〔1994〕089号)规定,单位或个人为非居民个人负担个人所得税税款,应将纳税义务人取得的不含税收入换算为应纳税所得额,计算征收个人所得税。计算公式如下:

1. 应纳税所得额 =(不含税收入额 - 费用扣除标准 - 速算扣除数)÷(1 - 税率)

2. 应纳税额 = 应纳税所得额 × 适用税率 - 速算扣除数

其中:公式1中的税率,是指不含税所得按不含税级距〔详见《个人所得税不含税级距税率表》(非居民个人工资、薪金所得适用)〕对应的税率;公式2中的税率,是指应纳税所得额按含税级距(详见《个人所得税税率表》〔非居民个人工资、薪金所得,劳务报酬所得,稿酬所得,特许权使用费所得适用)〕对应的税率。

【补充点】不含税收入额计算应纳税所得额公式推演

(1) 工资薪金所得不含税收入额计算应纳税所得额公式推演。

应纳税所得额 = 含税收入 - 费用扣除标准

应纳税所得额 = 不含税收入 + 税额 - 费用扣除标准

应纳税所得额 = 不含税收入 +(应纳税所得额 × 适用税率 - 速算扣除数)- 费用扣除标准

应纳税所得额 - 应纳税所得额 × 适用税率 = 不含税收入 - 速算扣除数 - 费用扣除标准

应纳税所得额 ×(1 - 税率)= 不含税收入 - 速算扣除数 - 费用扣除标准

应纳税所得额 =(不含税收入 - 速算扣除数 - 费用扣除标准)÷(1 - 税率)

(2) 劳务报酬所得和特许权使用费所得不含税收入额计算应纳税所得额公式推演。

应纳税所得额 = 含税收入 ×(1 - 20%)

应纳税所得额 =(不含税收入 + 税额)×(1 - 20%)

应纳税所得额 = 不含税收入 ×(1 - 20%)+ 税额 ×(1 - 20%)

应纳税所得额 = 不含税收入 ×（1 - 20%）+（应纳税所得额 × 适用税率 - 速算扣除数）×（1 - 20%）

应纳税所得额 = 不含税收入 ×（1 - 20%）+ 应纳税所得额 × 适用税率 ×（1 - 20%）- 速算扣除数 ×（1 - 20%）

应纳税所得额 - 应纳税所得额 × 适用税率 ×（1 - 20%）= 不含税收入 ×（1 - 20%）- 速算扣除数 ×（1 - 20%）

应纳税所得额 ×［1 - 适用税率 ×（1 - 20%）］=（不含税收入 - 速算扣除数）×（1 - 20%）

应纳税所得额 =（不含税收入 - 速算扣除数）×（1 - 20%）÷［1 - 适用税率 ×（1 - 20%）］

（3）稿酬所得不含税收入额计算应纳税所得额公式推演。

应纳税所得额 = 含税收入 ×（1 - 20%）× 70%

应纳税所得额 =（不含税收入 + 税额）×（1 - 20%）× 70%

应纳税所得额 = 不含税收入 ×（1 - 20%）× 70% + 税额 ×（1 - 20%）× 70%

应纳税所得额 = 不含税收入 ×（1 - 20%）× 70% +（应纳税所得额 × 适用税率 - 速算扣除数）×（1 - 20%）× 70%

应纳税所得额 = 不含税收入 ×（1 - 20%）× 70% + 应纳税所得额 × 适用税率 ×（1 - 20%）× 70% - 速算扣除数 ×（1 - 20%）× 70%

应纳税所得额 - 应纳税所得额 × 适用税率 ×（1 - 20%）× 70% = 不含税收入 ×（1 - 20%）× 70% - 速算扣除数 ×（1 - 20%）× 70%

应纳税所得额 ×［1 - 适用税率 ×（1 - 20%）× 70%］=（不含税收入 - 速算扣除数）×（1 - 20%）× 70%

应纳税所得额 =（不含税收入 - 速算扣除数）×（1 - 20%）× 70% ÷［1 - 适用税率 ×（1 - 20%）× 70%］

【补充点】如何计算个人所得税不含税（是指不含个人所得税，下同）级距税率表

（1）不含税级距应纳税所得额是指对应的不含税所得收入。

(2) 计算过程。

先按含税级距税率表每个级距对应的税率和速算数，计算出各个级距内应纳税所得额上限对应的个人所得税税额，用各个级距内应纳税所得额的上限数减去对应的个人所得税税额即可计算出不含税应纳税所得额的上限数，也就是下一个级距对应的下限数。

【例】含税收入额3 000元档的计算过程

(1) 计算对应的应纳个人所得税额。

应纳个人所得税额 = 3 000 × 3% = 90（元）

(2) 计算对应的含税收入。

①工资薪金含税收入额 = 含税收入 − 5 000

含税收入 = 含税收入额 + 5 000 = 3 000 + 5 000 = 8 000（元）

②劳务报酬所得和特许权使用费所得含税收入额 = 含税收入 ×（1 − 20%）

含税收入 = 含税收入额 ÷（1 − 20%）= 3 000 ÷（1 − 20%）= 3 750（元）

③稿酬所得含税收入额 = 含税收入 ×（1 − 20%）× 70%

含税收入 = 含税收入额 ÷（1 − 20%）÷ 70% = 3 000 ÷（1 − 20%）÷ 70% = 5 357.14（元）

(3) 不含税收入上限数。

①工资薪金不含税收入额 = 含税收入 − 税额 = 8 000 − 90 = 7 910（元）

②劳务报酬所得和特许权使用费所得不含税收入额 = 含税收入 − 税额 = 3 750 − 90 = 3 660（元）

③稿酬所得不含税收入额 = 含税收入 − 税额 = 5 357.14 − 90 = 5 267.14（元）

各个不含税距级按照上述计算类推，其中劳务报酬所得和特许权使用费所得计算过程和结果如表9所示：

表9　　　非居民个人取得劳务报酬所得和特许权使用费
使得计算过程和结果表

序号	含税收入额上限	税率	速算扣除数	含税收入	税额	不含税收入
1	3 000	3%	0	3 750	90	3 660
2	12 000	10%	210	15 000	990	14 010
3	25 000	20%	1 410	31 250	3 590	27 660
4	35 000	25%	2 660	43 750	6 090	37 660
5	55 000	30%	4 410	68 750	12 090	56 660
6	80 000	35%	7 160	100 000	20 840	79 160

【例】某非居民个人2020年4月取得境内某公司支付的税后工资薪金30 000元，则：

（1）应纳税所得额＝（不含税收入额－费用扣除标准－速算扣除数）÷（1－税率）＝（30 000－5 000－4 410）÷（1－30%）＝29 414.29（元）

（2）应纳税额＝29 414.29×30%－4 410＝4 414.29（元）

（3）测算是否正确。

应纳税额（30 000＋4 414.29－5 000）×30%－4 410＝4 414.29（元）

表10　　　　　个人所得税不含税级距税率表
（非居民个人工资、薪金所得适用）

级数	不含税级距	税率	速算扣除数
1	不超过7 910元的部分	3%	0
2	超过7 910元至16 010元的部分	10%	210
3	超过16 010元至26 410元的部分	20%	1 410
4	超过26 410元至33 910元的部分	25%	2 660
5	超过33 910元至47 910元的部分	30%	4 410
6	超过47 910元至64 160元的部分	35%	7 160
7	超过64 160元的部分	45%	15 160

（二）非居民个人取得不含税劳务报酬所得和特许权使用费所得

1. 应纳税所得额＝（不含税收入额－速算扣除数）×（1－20%）÷[1－税率×（1－20%）]

2. 应纳税额＝应纳税所得额×适用税率－速算扣除数

其中：公式1中的税率，是指不含税所得按不含税级距［详见"个人所得税不含税级距税率表"（非居民个人劳务报酬所得、特许权使用费所得适用）］对应的税率；公式2中的税率，是指应纳税所得额按含税级距［详见"个人所得税税率表"（非居民个人工资、薪金所得，劳务报酬所得，稿酬所得，特许权使用费所得适用）］对应的税率。

表11　　　　　　　　个人所得税不含税级距税率表

（非居民个人劳务报酬所得、特许权使用费所得适用）

级数	不含税级距	税率	速算扣除数
1	不超过3 660元的部分	3%	0
2	超过3 660元至14 010元的部分	10%	210
3	超过14 010元至27 660元的部分	20%	1 410
4	超过27 660元至37 660元的部分	25%	2 660
5	超过37 660元至56 660元的部分	30%	4 410
6	超过56 660元至79 160元的部分	35%	7 160
7	超过79 160元的部分	45%	15 160

【例】某非居民个人2020年6月取得境内某公司支付的一次性劳务报酬50 000元，个人所得税由单位负担，则：

（1）应纳税所得额＝（不含税收入额－速算扣除数）×（1－20%）÷［1－税率×（1－20%）］＝（50 000－4 410）×（1－20%）÷［1－30%×（1－20%）］＝47 989.47（元）

（2）应纳税额＝应纳税所得额×适用税率－速算扣除数＝47 989.47×30%－4 410＝9 986.84（元）

（3）测算是否正确。

应纳税额＝（50 000＋9 986.84）×（1－20%）×30%－4 410＝9 986.84（元）

（三）非居民个人取得不含税稿酬所得

1. 应纳税所得额＝（不含税收入额－速算扣除数）×（1－20%）×70%÷［（1－税率）×（1－20%）×70%］

2. 应纳税额 = 应纳税所得额 × 适用税率 - 速算扣除数

其中：公式 1 中的税率，是指不含税所得按不含税级距［详见"个人所得税不含税级距税率表"（非居民个人稿酬所得适用）］对应的税率；公式 2 中的税率，是指应纳税所得额按含税级距［详见"个人所得税税率表"（非居民个人工资、薪金所得，劳务报酬所得，稿酬所得，特许权使用费所得适用）］对应的税率。

表 12　　　　　　个人所得税不含税级距税率表
（非居民个人稿酬所得适用）

级数	不含税级距	税率	速算扣除数
1	不超过 5 267.14 元的部分	3	0
2	超过 5 267.14 元至 20 438.57 元的部分	10	210
3	超过 20 438.57 元至 41 052.86 元的部分	20	1 410
4	超过 41 052.86 元至 56 410 元的部分	25	2 660
5	超过 56 410 元至 56 660 元的部分	30	4 410
6	超过 56 660 元至 86 124.29 元的部分	35	7 160
7	超过 86 124.29 元的部分	45	15 160

【例】某非居民个人 2020 年 8 月取得境内某公司支付的稿酬所得 50 000 元，个人所得税由单位负担，则：

应纳税所得额 =（不含税收入额 - 速算扣除数）×（1 - 20%）× 70% ÷ ［1 - 税率 ×（1 - 20%）× 70%］=（50 000 - 2 660）×（1 - 20%）× 70% ÷ ［1 - 25% ×（1 - 20%）× 70%］= 30 826.05（元）

2. 应纳税额 = 应纳税所得额 × 适用税率 - 速算扣除数 = 30 826.05 × 25% - 2 660 = 5 046.51（元）

3. 测算是否正确。

应纳税额 =（50 000 + 5 046.51）×（1 - 20%）× 70% × 25% - 2 660 = 5 046.51（元）

知识点034：计算缴纳个人所得税的思路

首先，对个人纳税人身份判别。

对纳税人是居民个人还是非居民个人进行判断。对于工资、薪金所得，劳务报酬所得，稿酬所得，特许权使用费所得及全年一次性奖金等特殊事项，居民个人和非居民个人计算缴纳个人所得税的方法和规则不一样。

其次，确认个人所得属于哪类应税所得判定。

先要判断是否属于个人所得税法规定的所得范围，比如按照财政部税务总局公告2019年第74号公告规定，保险公司支付给保期内未出险的人寿保险保户的利息不属于相关法律法规规定的个人所得范围，也就不需要缴纳个人所得税；再者，判断个人所得属于哪类应税所得，个人所得税应税所得分为9类：工资、薪金所得；劳务报酬所得；稿酬所得；特许权使用费所得；经营所得；利息、股息、红利所得；财产租赁所得；财产转让所得和偶然所得，每项所得扣缴义务人、收入额、计税方法、扣减项目及适用税率等税法基本要素都可能不相同，所以要确认个人所得属于哪类应税所得，才能准确计算缴纳个人所得税。当然需要考虑一些所得的特殊算法，如全年一次性奖金，解除劳动关系、提前退休、内部退养取得的一次性补偿收入等。

最后，按照相关规定计算缴纳个人所得税，同时考虑税收优惠政策等相关规定。比如军队干部夫妻分居补助费不计入工资、薪金所得项目征税、公益慈善事业捐赠个人所得税税前扣除的选择等税收优惠政策。详见本书知识点100"个人所得税税收优惠政策表"。

知识点 035：居民个人取得全年一次性奖金个人所得税计算方法

《财政部 国家税务总局关于个人所得税法修改后有关优惠政策衔接问题的通知》（财税〔2018〕164号）规定如下：

"一、关于全年一次性奖金、中央企业负责人年度绩效薪金延期兑现收入和任期奖励的政策

（一）居民个人取得全年一次性奖金，符合《国家税务总局关于调整个人取得全年一次性奖金等计算征收个人所得税方法问题的通知》（国税发〔2005〕9号）规定的，在2021年12月31日前，不并入当年综合所得，以全年一次性奖金收入除以12个月得到的数额，按照本通知所附按月换算后的综合所得税率表（以下简称月度税率表），确定适用税率和速算扣除数，单独计算纳税。计算公式为：

应纳税额 = 全年一次性奖金收入 × 适用税率 − 速算扣除数

居民个人取得全年一次性奖金，也可以选择并入当年综合所得计算纳税。

自2022年1月1日起，居民个人取得全年一次性奖金，应并入当年综合所得计算缴纳个人所得税。

（二）中央企业负责人取得年度绩效薪金延期兑现收入和任期奖励，符合《国家税务总局关于中央企业负责人年度绩效薪金延期兑现收入和任期奖励征收个人所得税问题的通知》（国税发〔2007〕118号）规定的，在2021年12月31日前，参照本通知第一条第（一）项执行；2022年1月1日之后的政策另行明确。"

《国家税务总局关于调整个人取得全年一次性奖金等计算征收个人所得税方法问题的通知》（国税发〔2005〕9号）规定如下：

"一、全年一次性奖金是指行政机关、企事业单位等扣缴义务人根据其全年经济效益和对雇员全年工作业绩的综合考核情况,向雇员发放的一次性奖金。

上述一次性奖金也包括年终加薪、实行年薪制和绩效工资办法的单位根据考核情况兑现的年薪和绩效工资。

三、在一个纳税年度内,对每一个纳税人,该计税办法只允许采用一次。

四、实行年薪制和绩效工资的单位,个人取得年终兑现的年薪和绩效工资按本通知第二条、第三条执行。

五、雇员取得除全年一次性奖金以外的其他各种名目奖金,如半年奖、季度奖、加班奖、先进奖、考勤奖等,一律与当月工资、薪金收入合并,按税法规定缴纳个人所得税。"

根据上述文件规定,政策实务关键点:

1. 全年一次性奖金政策适用居民个人。

居民个人取得全年一次性奖金,可以选择是否并入当年综合所得计算纳税;非居民个人取得全年一次性奖金,按照工资薪金所得相关规定计算缴纳个人所得税。

2. 全年一次性奖金范围。

全年一次性奖金是指行政机关、企事业单位等扣缴义务人根据其全年经济效益和对雇员全年工作业绩的综合考核情况,向雇员发放的一次性奖金。

上述一次性奖金也包括年终加薪、实行年薪制和绩效工资办法的单位根据考核情况兑现的年薪和绩效工资。不包括其他各种名目奖金,如半年奖、季度奖、加班奖、先进奖、考勤奖等,其他各种名目奖金一律与当月工资、薪金收入合并,按税法规定缴纳个人所得税。

3. 全年一次性奖金不并入综合所得单独计税方法。

在 2021 年 12 月 31 日前,全年一次性奖金收入不并入当年综合所得,单独计税方法具体计算步骤如下:

第一步：找适用税率。

全年一次性奖金收入除以 12 个月得到的数额，按照按月换算后的综合所得税率表找税率，注意这里的适用税率表是月度税率表，如表 13 所示。

【提示点】纳税年度内，不管居民个人在单位在职多少个月，即使在职 1 个月，找适用税率时也是用全年一次性奖金收入除以 12 个月得到的数额，去找适用税率。

表 13　　　　　　　　按月换算后的综合所得税率表

级数	全月应纳税所得额	税率（％）	速算扣除数
1	不超过 3 000 元的	3	0
2	超过 3 000 元至 12 000 元的部分	10	210
3	超过 12 000 元至 25 000 元的部分	20	1 410
4	超过 25 000 元至 35 000 元的部分	25	2 660
5	超过 35 000 元至 55 000 元的部分	30	4 410
6	超过 55 000 元至 80 000 元的部分	35	7 160
7	超过 80 000 元的部分	45	15 160

第二步：单独计算应纳税额。

计算公式为：应纳税额 = 全年一次性奖金收入 × 适用税率 - 速算扣除数

【提示点】政策中不管在适用税率还是计算应纳税额两个步骤中，都是"全年一次性奖金收入"，即不需要再比较"在发放年终一次性奖金的当月，当月工资薪金所得与税法规定的费用扣除额 5 000"的大小。

主要原因是，费用扣除额可以在综合所得扣除，且工资薪金所得预扣预缴个人所得税时，按照累计预扣预缴，通俗地说，不考虑其他情况，当月工资薪金未超过 5 000 元，一个纳税年度内后几个月超过 5 000 元，可以补扣；再者工资薪金所得未扣足 60 000 元，综合所得中劳务报酬、稿酬、特许权使用费所得在年度汇算时还可以扣除，所以说理论上，不再存在减除当月工资低于 5 000 元差额的问题。

【例】某居民个人 2020 年 5 月取得全年一次性奖金收入 120 000 元，选择不并入当年综合所得单独计税。

（1）找税率。以全年一次性奖金收入除以 12 个月得到的数额，按照月度税率表，确定适用税率和速算扣除数。

全年一次性奖金收入除以 12 个月得到的数额 = 120 000 ÷ 12 = 10 000（元）；

参照月度税率表，得到适用税率 10%，速算扣除数 210。

（2）计算应纳税额。

应纳税额 = 应纳税所得额 × 适用税率 - 速算扣除数 = 120 000 × 10% - 210 = 11 790（元）；

税后年终奖 = 税前年终奖 - 应纳税额 = 120 000 - 11 790 = 108 210（元）。

4. 全年一次性奖金单独计税方法的其他关键点。

（1）全年一次性奖金单独计算个人所得税时，不合并综合所得，不减 60 000 元、专项扣除、专项附加扣除和依法确定的其他扣除。

（2）在一个纳税年度内，对每一个纳税人，全年一次性奖金特殊计税办法只允许采用一次。

【提示点】纳税人如果存在全年一次性奖金收入或者央企负责人绩效薪金延期兑现收入和任期奖励，则两种最多都只能保留一处作为奖金申报，其他并入综合所得进行申报，个人填写自然人电子税务局 APP 端（以下简称"个人所得税 APP"）时，点击收入进入收入列表页面，找到全年一次性奖金收入或者央企负责人绩效薪金延期兑现收入和任期奖励，点击"设置"，弹框如图 3 所示，选择完成即可完成设置一处作为奖金申报或都不作为奖金申报的操作。

图 3　个人所得税 APP 示意图

(3) 实行年薪制和绩效工资的单位，个人取得年终兑现的年薪和绩效工资按相关规定执行。

(4) 雇员取得除全年一次性奖金以外的其他各种名目奖金，如半年奖、季度奖、加班奖、先进奖、考勤奖等，一律与当月工资、薪金收入合并，按税法规定缴纳个人所得税。

(5) 中央企业负责人取得年度绩效薪金延期兑现收入和任期奖励，符合国税发〔2007〕118 号文件规定的，在 2021 年 12 月 31 日前，参照全年一次性奖金个人所得税政策执行，2022 年 1 月 1 日之后的政策另行明确。

【提示点】居民个人在一个纳税年度内，全年一次性奖金和中央企业负责人取得年度绩效薪金延期兑现收入和任期奖励分别使用特殊计税办法，但是都只允许采用一次。

（6）无住所居民个人预缴时，因预判为非居民个人而取得的数月奖金，汇缴时可将一笔数月奖金按照全年一次性奖金单独计算。

知识点036：全年一次性奖金个人所得税临界点或无效区间

（一）临界点的存在。

【例】某居民个人2020年8月取得全年一次性奖金36 000元，选择不并入当年综合所得单独计税。

1. 找税率。以全年一次性奖金收入除以12个月得到的数额，按照月度税率表，确定适用税率和速算扣除数。

全年一次性奖金收入除以12个月得到的数额＝36 000÷12＝3 000（元）；

参照月度税率表，得到适用税率3%，速算扣除数0。

2. 计算应纳税额。

应纳税额＝应纳税所得额×适用税率－速算扣除数＝36 000×3%－0＝1 080（元）；

税后年终奖＝税前年终奖－应纳税额＝36 000－1 080＝34 920（元）。

如果该居民个人取得全年一次性奖金36 001元，则：

1. 找税率。以全年一次性奖金收入除以12个月得到的数额，按照月度税率表，确定适用税率和速算扣除数。

全年一次性奖金收入除以12个月得到的数额＝36 001÷12＝3 000.08（元）；

参照月度税率表，得到适用税率10%，速算扣除数210。

2. 计算应纳税额。

应纳税额＝应纳税所得额×适用税率－速算扣除数＝36 001×10%－210＝3 390.1（元）；

税后年终奖 = 税前年终奖 – 应纳税额 = 36 001 – 3 390.1 = 32 610.9（元）。

对比取得全年一次性奖金 36 000 元和 36 001 元两种情况，虽全年一次性奖金只差 1 元，但是应纳个人所得税税额相差 2 310.10 元，这就是"全年一次性奖金多发 1 元多缴很多税"的例子，原因就是找适用月度税率和速算扣除数除以 12，但计算应纳税额直接用的是全年一次性奖金全额，而速算扣除数没有乘以 12，相邻的临界点往往会相差 11×速算扣除数，比如上例中税额相差 2 310.10 元约等于 11×210。

（二）全年一次性奖金的具体临界点（见表 14）

表 14　　　　　全年一次性奖金临界点/无效区间表

全年一次性奖金	除以12的商数	适用税率	速算扣除数	应纳税额	多发奖金数额	增加税额	税后数额
36 000.00	3 000.00	3%	0.00	1 080.00			34 920.00
36 001.00	3 000.08	10%	210.00	3 390.10	1.00	2 310.10	32 610.90
38 566.67	3 213.89	10%	210.00	3 646.67	2 566.67	2 566.67	34 920.00
144 000.00	12 000.00	10%	210.00	14 190.00			129 810.00
144 001.00	12 000.08	20%	1 410.00	27 390.20	1.00	13 200.20	116 610.80
160 500.00	13 375.00	20%	1 410.00	30 690.00	16 500.00	16 500.00	129 810.00
300 000.00	25 000.00	20%	1 410.00	58 590.00			241 410.00
300 001.00	25 000.08	25%	2 660.00	72 340.25	1.00	13 750.25	227 660.75
318 333.33	26 527.78	25%	2 660.00	76 923.33	18 333.33	18 333.33	241 410.00
420 000.00	35 000.00	25%	2 660.00	102 340.00			317 660.00
420 001.00	35 000.08	30%	4 410.00	121 590.30	1.00	19 250.30	298 410.70
447 500.00	37 291.67	30%	4 410.00	129 840.00	27 500.00	27 500.00	317 660.00
660 000.00	55 000.00	30%	4 410.00	193 590.00			466 410.00
660 001.00	55 000.08	35%	7 160.00	223 840.35	1.00	30 250.35	436 160.65
706 538.46	58 878.21	35%	7 160.00	240 128.46	46 538.46	46 538.46	466 410.00
960 000.00	80 000.00	35%	7 160.00	328 840.00			631 160.00
960 001.00	80 000.08	45%	15 160.00	416 840.45	1.00	88 000.45	543 160.55
1 120 000.00	93 333.33	45%	15 160.00	488 840.00	160 000.00	160 000.00	631 160.00

备注：

1. 表 14 中取得全年一次性奖金 36 000 元和 38 566.67 元，居民个人扣除应纳个人所得税税额后所得都为 34 920 元，所以把 36 000 元和 38 566.67 元之间称为无效区间，把 36 000 元称为临界点，即发全年一次性奖金 38 000 元比发全年一次性奖金 36 000 元的税后年终奖数额少。

2. 注意理论和实务中操作的区别，如全年一次性奖金 39 000 元虽不属于无效区间，其实税负也相对较高，也应该按合规方法避开无效区间。

（三）合规避开无效区间的方法。

【方法一】 发全年一次性奖金超过临界点部分纳入当月工资薪金所得。

【例】 某居民个人 2020 年 1 月取得全年一次性奖金 38 000 元，对比"全年一次性奖金临界点/无效区间表"，属于无效区间，单位发全年一次性奖金时拆成 36 000 元为全年一次性奖金和 2 000 元作为当月工资薪金所得，不考虑其他情况，则：

（1）全年一次性奖金 36 000 元，应纳个人所得税税额为 1 080 元；

（2）剩余 2 000 元作为当月工资薪金所得，纳入综合所得计算缴纳个人所得税，综合所得最高适用税率 45%，也就是最多应纳个人所得税税额为 900 元；

（3）如果全年一次性奖金 38 000 元不拆分，应纳个人所得税税额 = 38 000 × 10% - 210 = 3 590 元（具体找适用税率和速算扣除过程略）；

（4）前后对比最少也能省个人所得税 1 610 元（3 590 - 1 080 - 900）；

（5）企业实务操作中，需要在账务处理、工资条及相关全年一次性奖金内部凭证和发放时都需要将 36 000 元按照全年一次性奖金和 2 000 元按照工资薪金所得分开处理，比如：36 000 元和 2 000 元最好分开分次发放，2 000 元可以和当月工资一起发放，单位工资条要增加"其他所得"2 000 元。

【方法二】 发全年一次性奖金超过临界点，部分在次月发放。

实务中，有的企业对全年一次性奖金和工资薪金有特殊要求，比如上级单位对全年一次性奖金和工资薪金的绩效考核，方法一"发全年一次性奖金超过临界点部分纳入当月工资薪金所得"无法在实务中应用。

《国家税务总局关于发布〈个人所得税扣缴申报管理办法（试行）〉的公告》（国家税务总局公告 2018 年第 61 号）规定：

（1）扣缴义务人向居民个人支付工资、薪金所得时，应当按照累计预扣法计算预扣税款，并按月办理扣缴申报；

（2）扣缴义务人每月或者每次预扣、代扣的税款，应当在次月十五日内缴入国库，并向税务机关报送"个人所得税扣缴申报表"。

同时，国税发〔2005〕9号文件规定，在一个纳税年度内，对每一个纳税人，该计税办法只允许采用一次。

根据上述文件规定，发全年一次性奖金在无效区间，可以将超过临界点部分在次月发放，当月发放的全年一次性奖金按照全年一次性奖金计算缴纳个人所得税，次月发放的"超过临界点部分"全年一次性奖金，按照政策规定不能用全年一次性奖金计算缴纳个人所得税，只能合并次月的工资薪金，按照相关规定预扣预缴个人所得税，这样在账上全年一次性奖金额度和人力资源等部门计算全年一次性奖金数据等都不变。

【例】接上例，某居民个人2020年1月取得全年一次性奖金38 000元，对比"全年一次性奖金临界点/无效区间表"，属于无效区间，单位发全年一次性奖金时可以拆成1月份发36 000元为全年一次性奖金和2月份发全年一次性奖金，不考虑其他情况，则：

（1）2020年1月发放全年一次性奖金36 000元，应纳个人所得税税额为1 080元；

（2）2020年2月发放全年一次性奖金2 000元，作为当月工资薪金所得，纳入综合所得计算缴纳个人所得税税额，综合所得最高适用税率45%，也就是最多应纳个人所得税税额为900元；

（3）其他参考上例计算结果。

【提示点】需要关注账务处理，根据《国家税务总局关于利息、股息、红利所得征税问题的通知》（国税函〔1997〕656号）规定，扣缴义务人将属于纳税义务人应得的利息、股息、红利收入，通过扣缴义务人的往来会计科目分配到个人名下，收入所有人有权随时提取，在这种情况下，扣缴义务人将利息、股息、红利所得分配到个人名下时，即应认为所得的支付，应按税收法规规定及时代扣代缴个人应缴纳的个人所得税。

1. 可以全额计提。

计提年终奖金的分录：

借：销售费用/管理费用/主营业务成本——年终奖
　　贷：应付职工薪酬——年终奖

2. 发放年终奖金时的会计分录：

（1）第一种情形：将 2 000 元计入往来科目。

2020 年 1 月发放 36 000 元全年一次性奖金时：

借：应付职工薪酬——奖金
　　贷：应交税费——应交个人所得税
　　　　银行存款
　　　　其他应付账款——某居民个人年终奖

2020 年 2 月发放 2 000 元全年一次性奖金时：

借：其他应付账款——某居民个人年终奖
　　贷：应交税费——应交个人所得税
　　　　银行存款

按照国税函〔1997〕656 号文件规定，则需要全额一次性按照 38 000 元缴个人所得税。

（2）第二种情形：分两个月账务处理。

2020 年 1 月发放 36 000 元全年一次性奖金时：

借：应付职工薪酬——奖金
　　贷：应交税费——应交个人所得税
　　　　银行存款

2020 年 2 月发放 2 000 元全年一次性奖金时：

借：应付职工薪酬——奖金
　　贷：应交税费——应交个人所得税
　　　　银行存款

则 2020 年 1 月发 36 000 元年终奖时,可以按全年一次性奖金单独计算缴纳个人所得税;同时,2020 年 2 月发 2 000 元年终奖,需要和当月工资合并计缴个人所得税。

知识点 037:全年一次性奖金是否合并综合所得的选择

财税〔2018〕164 号文件规定,在 2021 年 12 月 31 日前,居民个人取得全年一次性奖金,符合《国家税务总局关于调整个人取得全年一次性奖金等计算征收个人所得税方法问题的通知》(国税发〔2005〕9 号)规定的,可以选择不并入当年综合所得单独计算缴纳个人所得税,也可以选择并入当年综合所得计算纳税。

(一)理解这条政策,要把握个人所得税纳税人和扣缴义务人的概念。

对于全年一次性奖金计算缴纳个人所得税,取得全年一次性奖金的个人是纳税人,支付全年一次性奖金的单位是扣缴义务人,政策的选择是纳税人可选择,不是扣缴义务人可选择,因此,在同一个扣缴单位,发放全年一次性奖金时,可以部分员工(居民个人,下同)选择不并入当年综合所得单独计算缴纳个人所得税,其他员工(居民个人)可选择并入当年综合所得计算纳税,而不是要求同一个扣缴单位全部员工要么都选择不并入当年综合所得计算纳税,要么都选择并入当年综合所得计算纳税。

【例】某居民个人 2020 年度,工资薪金所得(没有其他综合所得)80 000 元,减除费用 60 000 元,个人缴付"三险一金"全年 15 000 元,子女教育费专项附加扣除 6 000 元(500 元×12 月),赡养老人专项附加扣除 24 000 元(2 000 元×12 月),住房租赁专项附加扣除 18 000 元

(1 500 元 × 12 月),该居民个人 2020 年 12 月取得全年一次性奖金 30 000 元;不考虑其他情况。

1. 取得全年一次性奖金选择不并入当年综合所得。

(1) 工资薪金所得(综合所得)应纳税所得额:

80 000 - (60 000 + 15 000 + 6 000 + 24 000 + 18 000) = - 43 000 元,不需要缴纳个人所得税。

(2) 全年一次性奖金所得应纳税额:

找税率和速算扣除数:30 000 ÷ 12 = 2 500 元,适用税率 3%,速算扣除数 0;

计算全年一次性奖金所得缴纳应纳税额:30 000 × 3% - 0 元 = 900 (元)。

(3) 总应纳税额:0 + 900 = 900 (元)。

2. 取得全年一次性奖金选择并入当年综合所得。

工资薪金所得(综合所得)缴纳应纳税所得额:(80 000 + 30 000) - (60 000 + 15 000 + 6 000 + 24 000 + 18 000) = - 13 000 元,不需要缴纳个人所得税

3. 取得全年一次性奖金不并入当年综合所得应纳税额 900 元;取得全年一次性奖金并入当年综合所得应纳税额 0 元,两者应纳税额相差 900 元。

如果该居民个人 2020 年工资薪金所得(没有其他综合所得)160 000 元,则:

1. 取得全年一次性奖金不并入当年综合所得。

(1) 工资薪金所得(综合所得)应纳税所得额:

160 000 元 - (60 000 + 15 000 + 6 000 + 24 000 + 18 000) = 37 000 元,适用税率 10%,速算扣除数 2 520。

工资薪金所得(综合所得)缴纳应纳税额 = 37 000 × 10% - 2 520 = 1 180 (元)

(2) 全年一次性奖金所得应纳税额:

找税率和速算扣除数：30 000÷12=2 500元，适用税率3%，速算扣除数0；

再计算全年一次性奖金所得缴纳应纳税额：30 000×3%－0元=900（元）。

（3）总应纳税额：1 180+900=2 080（元）。

2. 取得全年一次性奖金并入当年综合所得。

工资薪金所得（综合所得）应纳税所得额：（160 000+30 000）－（60 000+15 000+6 000+24 000+18 000）=67 000元，适用税率10%，速算扣除数2 520元。

计算工资薪金所得（综合所得）应纳税额：67 000元×10%－2 520元=4 180元。

3. 如果合理安排将部分工资6 000元按照全年一次性奖金发放，则全年一次性奖金为36 000元（详见知识点036：全年一次性奖金个人所得税临界点）不并入当年综合所得。

（1）工资薪金所得（综合所得）缴纳应纳税所得额：

（160 000－6 000）－（60 000+15 000+6 000+24 000+18 000）=31 000元，适用税率3%，速算扣除数0；

应纳税额：31 000元×3%－0=930（元）。

（2）全年一次性奖金所得36 000元（30 000+6 000）计算缴纳应纳税额：

找税率和速算扣除数：36 000÷12=3 000元，适用税率3%，速算扣除数0；

再计算全年一次性奖金所得应纳税额：36 000×3%－0=1 080（元）。

（3）总共缴纳个人所得税：930+1 080=2 010（元）。

4. 对比以上三种情况的个人所得税应纳税额：

取得全年一次性奖金不并入当年综合所得总共应纳税额：2 080元

取得全年一次性奖金并入当年综合所得总共应纳税额：4 180元

部分工资薪金所得6 000元计入全年一次性奖金且不并入当年综合所得总共缴纳应纳税额：2 010元。

（二）居民个人取得全年一次性奖金选择是否并入当年综合所得计算方法的原则。

对部分中低收入者而言，如将全年一次性奖金并入当年工资薪金所得，扣除基本减除费用、专项扣除、专项附加扣除等后，可能根本无需缴税或者缴纳很少税款。在此情况下，如果将全年一次性奖金采取单独计税方式，反而会产生应纳税款或者增加税负。

【例】某居民个人每月工资收入3 000元，年终有20 000元的全年一次性奖金，全年收入低于基本减除费用60 000元。如其适用全年一次性奖金政策，需要缴纳600元个人所得税，放弃享受全年一次性奖金政策（即将全年一次性奖金并入综合所得征税），则全年无须纳税。

同时，如单独适用全年一次性奖金政策，可能在税率换档时出现税负突然增加的"临界点"现象。

财税〔2018〕164号文件规定，居民个人取得全年一次性奖金的，可以自行选择计税方式，请纳税人自行判断是否将全年一次性奖金并入综合所得计税。也请扣缴单位在发放奖金时注意把握，以便于纳税人享受减税红利。

全年一次性奖金是否并入综合所得计税的判断要考虑居民个人的综合所得、专项扣除、专项附加扣除、依法确定的其他扣除和全年一次性奖金的额度，还要考虑全年一次性奖金政策临界点现象，具体判断如表15所示：

表15　　　全年一次性奖金是否并入综合所得计税参考表　　　单位：元

序号	全年应纳税所得额	个人所得税计算方式（全年一次性奖金数额）
1	(-∞，0)	合并
2	[0，36 000]	合并
3	(36 000，203 100)	36 000

续表

序号	全年应纳税所得额	个人所得税计算方式（全年一次性奖金数额）
4	203 100	36 000 或 144 000
5	(203 100, 672 000)	144 000
6	672 000	144 000 或 300 000
7	(672 000, 1 277 500)	300 000
8	1 277 500	300 000 或 420 000
9	(1 277 500, 1 452 500)	420 000
10	1 452 500	420 000 或 660 000
11	(1 452 500, ∞)	660 000

备注：

(1) 表15中"全年应纳税所得额"＝预计全年综合所得和全年一次性奖金奖总收入减除费用六万元以及专项扣除、专项附加扣除和依法确定的其他扣除后的余额。

(2) 考虑综合所得不仅仅包括工资薪金所得，还包括劳务报酬所得、稿酬所得和特许权使用费所得，所以在税负不变的情况，尽量先使用"全年一次性奖金"的指标，比如：全年应纳税所得额为203 100元，将全年一次性奖金分配144 000元，这样工资薪金所得为59 100元，即使将来有其他综合所得，适用税率较低，如果将全年一次性奖金分配36 000元，这样工资薪金所得为167 100元，将来有其他综合所得，适用税率会较高。

（三）全年一次性奖金是否合并综合所得重新选择

《国家税务总局关于办理2019年度个人所得税年度汇算清缴事项的公告》（国家税务总局公告2019年第44号）及其解读稿规定，2019年度汇算不涉及纳税人按规定选择不并入综合所得计算纳税的全年一次性奖金等所得。纳税人若在2019年取得全年一次性奖金时是单独计算纳税的，年度汇算时也可选择并入综合所得计算纳税。

(1) 纳税人在2019年取得全年一次性奖金时是单独计算纳税的，可以选择继续单独计税，不并入年度汇算清缴。

(2) 对于在2019年取得全年一次性奖金时是单独计算纳税的，年度汇算时还可重新选择并入综合所得计算纳税。

【提示点】2019年取得全年一次性奖金时选择使用单独计税方法，在计算综合所得个人所得税时发现，将全年一次性奖金并入综合所得计税的应纳税额较小，纳税人还能在汇算清缴时将该笔奖金并入年度汇算清缴退税。

（3）对于在2019年取得全年一次性奖金时已经选择并入综合所得计税的，则汇算清缴时不能再拆分适用单独计税方法。

（4）财税〔2018〕164号文件规定，在2021年12月31日前，居民个人取得符合国税发〔2005〕9号文件规定的全年一次性奖金，可以选择不并入当年综合所得单独计算缴纳个人所得税，也可以选择并入当年综合所得计算纳税，按照政策稳定性来说，2020年度和2021年度关于全年一次性奖金是否并入综合所得计算缴纳个人所得税，如没有后续文件规定，应该会按照2019年度税收政策继续执行。

知识点038：解除劳动关系取得一次性补偿收入个人所得税计算方法

《财政部 国家税务总局关于个人所得税法修改后有关优惠政策衔接问题的通知》（财税〔2018〕164号）规定："个人与用人单位解除劳动关系取得一次性补偿收入（包括用人单位发放的经济补偿金、生活补助费和其他补助费），在当地上年职工平均工资3倍数额以内的部分，免征个人所得税；超过3倍数额的部分，不并入当年综合所得，单独适用综合所得税率表，计算纳税。"

《财政部 国家税务总局关于个人与用人单位解除劳动关系取得的一次性补偿收入征免个人所得税问题的通知》（财税〔2001〕157号）规定："二、个人领取一次性补偿收入时按照国家和地方政府规定的比例实际缴纳的住房公积金、医疗保险费、基本养老保险费、失业保险费，可以在计征其一次性补偿收入的个人所得税时予以扣除。

三、企业依照国家有关法律规定宣告破产，企业职工从该破产企业取得的一次性安置费收入，免征个人所得税。"

根据上述文件规定，政策实务关键点：

1. 在当地上年职工平均工资 3 倍数额以内的部分，免征个人所得税，其中当地上年职工平均工资是指年度平均工资，不是月度平均工资。

2. 仅仅是超过当地上年职工平均工资 3 倍数额的部分，单独适用综合所得税率表，计算纳税。

3. 企业依照国家有关法律规定宣告破产，企业职工从该破产企业取得的一次性安置费收入，免征个人所得税。

4. 解除劳动关系取得一次性补偿收入才适应上述政策，把握关键词"解除"，所以个人因劳动合同自然终止获得的经济补偿金，应认定为"工资、薪金所得"，并计征个人所得税。

5. 个人因与原用人单位签订竞业限制条款（或协议），在约定的竞业限制期限内，不得从事与原单位相竞争的业务，由此而取得用人单位支付的竞业限制补偿费，属于用人单位发放的经济补偿金，应按照《财政部 国家税务总局关于个人与用人单位解除劳动关系取得的一次补偿收入征免个人所得税问题的通知》（财税〔2001〕157 号）的相关规定征免个人所得税。

6. 2019 年 1 月 1 日起，新算法不需要考虑工作年限，原算法需要考虑工作年限，是"以个人取得的一次性经济补偿收入，除以个人在本企业的工作年限数，以其商数作为个人的月工资、薪金收入，按照税法规定计算缴纳个人所得税。"

7. 解除劳动关系取得一次性补偿收入不并入综合所得，年度汇算清缴也不需要纳入汇算清缴范围。

8. 解除劳动关系取得一次性补偿收入不并入综合所得，个人领取一次性补偿收入时，按照国家和地方政府规定的比例实际缴纳的住房公积金、医疗保险费、基本养老保险费、失业保险费，可以在计征其一次性补偿收入的个人所得税时予以扣除，则在计算综合所得时不扣减上述按规定"实际缴纳的住房公积金、医疗保险费、基本养老保险费、失业保险费",否则重复扣除。

9. 解除劳动关系取得一次性补偿收入计算缴纳个人所得税适用综合所得税率表。

【例】李某个人于2020年8月与公司解除劳动合同,取得一次性的补偿金收入360 000元(含个人所得税),假设当地上年职工月平均工资8 000元,离职时在公司工作10年,则:

免税所得:8 000×12×3=288 000(元);

查找税率:360 000-288 000=72 000(元);

适用税率为10%,速算扣除数为2 520;

计算应纳税所得额=72 000×10%-2 520=4 680(元)。

知识点039:取得股权激励个人所得税计算方法

《财政部 国家税务总局关于个人所得税法修改后有关优惠政策衔接问题的通知》(财税〔2018〕164号)规定:"(一)居民个人取得股票期权、股票增值权、限制性股票、股权奖励等股权激励(以下简称股权激励),符合《财政部 国家税务总局关于个人股票期权所得征收个人所得税问题的通知》(财税〔2005〕35号)、《财政部 国家税务总局关于股票增值权所得和限制性股票所得征收个人所得税有关问题的通知》(财税〔2009〕5号)、《财政部 国家税务总局关于将国家自主创新示范区有关税收试点政策推广到全国范围实施的通知》(财税〔2015〕116号)第四条、《财政部 国家税务总局关于完善股权激励和技术入股有关所得税政策的通知》(财税〔2016〕101号)第四条第(一)项规定的相关条件的,在2021年12月31日前,不并入当年综合所得,全额单独适用综合所得税率表,计算纳税。计算公式为:

应纳税额=股权激励收入×适用税率-速算扣除数

（二）居民个人一个纳税年度内取得两次以上（含两次）股权激励的，应合并按前述第（一）项规定计算纳税。

（三）2022年1月1日之后的股权激励政策另行明确。"

根据上述文件规定，政策实务关键点：

1. 不并入当年综合所得。

居民个人取得股票期权、股票增值权、限制性股票、股权奖励等股权激励所得，在2021年12月31日前，不并入当年综合所得。

2. 把握股权激励的种类。

取得股票期权、股票增值权、限制性股票、股权奖励等股权激励所得，要区分属于哪一类股权激励所得，如员工接受实施股票期权计划企业授予的股票期权时，除另有规定外，一般不作为应税所得征税，但是如果股票期权可转让，员工在行权日之前将股票期权转让的，以股票期权的转让净收入，作为工资薪金所得征收个人所得税。

3. 把握股权激励环节。

实务中需要把握"股权激励"环节，环节不一样适用应税所得项目不同，计算缴纳个人所得税方法不一样。首先，判断环节是否有"所得"；其次，判断所得属于哪类应税项目。

如员工接受实施股票期权计划，员工接受实施股票期权计划企业授予的股票期权时，除另有规定外，一般不作为应税所得征税；员工行权时，其从企业取得股票的实际购买价（施权价）低于购买日公平市场价（指该股票当日的收盘价，下同）的差额，是因员工在企业的表现和业绩情况而取得的与任职、受雇有关的所得，应按"工资、薪金所得"适用的规定计算缴纳个人所得税；员工将行权后的股票再转让时获得的高于购买日公平市场价的差额，是因个人在证券二级市场上转让股票等有价证券而获得的所得，应按照"财产转让所得"适用的征免规定计算缴纳个人所得税；员工因拥有股权而参与企业税后利润分配取得的所得，应按照"利息、股息、红利所得"适用的规定计算缴纳个人所得税。

4. 确定股权激励收入。

如实施股票期权激励,员工行权时,其从企业取得股票的实际购买价(施权价)低于购买日公平市场价(指该股票当日的收盘价,下同)的差额,是因员工在企业的表现和业绩情况而取得的与任职、受雇有关的所得,应按"工资、薪金所得"适用的规定计算缴纳个人所得税。

如实施股票增值权激励,被授权人在约定条件下行权,上市公司按照行权日与授权日二级市场股票差价乘以授权股票数量,发放给被授权人现金,其中股票增值权,是指上市公司授予公司员工在未来一定时期和约定条件下,获得规定数量的股票价格上升所带来收益的权利。

5. 计算缴纳个人所得税的关键点。

(1)全额单独适用综合所得税率表,计算纳税;

(2)计算公式为:应纳税额=股权激励收入×适用税率-速算扣除数;

(3)居民个人一个纳税年度内取得两次以上(含两次)股权激励的,应合并按规定计算纳税。

【例】某居民个人 2017 年 5 月取得某上市公司授予的股票期权 20 000 股,授予日股票价格为 9 元/股,施权价为 7.5 元/股,该股票期权自 2019 年 11 月起可行权,该居民个人于 2019 年 11 月 27 日行权 12 000 股,行权当天股票市价为 11 元/股。

1. 股票期权所得。

根据《财政部 国家税务总局关于个人股票期权所得征收个人所得税问题的通知》(财税〔2005〕35 号)第二条规定,股票期权形式的工资薪金应纳税所得额=(行权股票的每股市场价-员工取得该股票期权支付的每股施权价)×股票数量。

股权激励收入=(11-7.5)×12 000=42 000(元)

2. 计算应纳税额。

股权激励收入 42 000 元,单独适用综合所得税率表,确定适用税率 10% 和速算扣除数 2 520。

应纳税额 = 股权激励收入 × 适用税率 − 速算扣除数 = 42 000 × 10% − 2 520 = 1 680（元）

情形1：如该居民个人于2019年12月27日行权剩余8 000股，行权当天股票市价为10元/股。

股权激励收入 =（10 − 7.5）× 8 000 = 20 000（元）

居民个人一个纳税年度内取得两次以上（含两次）股权激励的，应合并按规定计算纳税，则股权激励收入62 000元（42 000 + 20 000），单独适用综合所得税率表，确定适用税率10%和速算扣除数2 520。

应纳税额 = 股权激励收入 × 适用税率 − 速算扣除数 = 62 000 × 10% − 2 520 = 3 680（元）

2019年11月27日行权已经缴纳1 680元，需要补缴2 000元（3 680 − 1 680）。

情形2：如该居民个人于2020年1月27日行权剩余8 000股，行权当天股票市价为10元/股。跟2019年11月27日第一次行权不在一个纳税年度，应该分别计税。

股权激励收入 =（10 − 7.5）× 8 000 = 20 000（元）。

股权激励收入20 000元，单独适用综合所得税率表，确定适用税率3%和速算扣除数0。

应纳税额 = 股权激励收入 × 适用税率 − 速算扣除数 = 20 000 × 3% − 0 = 600（元）

知识点040：个人领取企业年金、职业年金的个人所得税政策

财税〔2018〕164号文件中"四、关于个人领取企业年金、职业年金的政策"规定，"个人达到国家规定的退休年龄，领取的企业年金、

职业年金，符合《财政部 人力资源社会保障部 国家税务总局关于企业年金 职业年金个人所得税有关问题的通知》（财税〔2013〕103号）规定的，不并入综合所得，全额单独计算应纳税款。其中按月领取的，适用月度税率表计算纳税；按季领取的，平均分摊计入各月，按每月领取额适用月度税率表计算纳税；按年领取的，适用综合所得税率表计算纳税。

个人因出境定居而一次性领取的年金个人账户资金，或个人死亡后，其指定的受益人或法定继承人一次性领取的年金个人账户余额，适用综合所得税率表计算纳税。对个人除上述特殊原因外一次性领取年金个人账户资金或余额的，适用月度税率表计算纳税。"

其中，月度税率表是指按月换算后的综合所得税率表。

根据上述文件规定，政策实务关键点：

1. 财税〔2018〕164号文件规定的是领取环节涉及的个人所得税的政策。

2. 个人达到国家规定的退休年龄，领取的企业年金、职业年金，不并入综合所得。

3. 领取方式不一样，计算方法不一样，适用的税率不一样，如表16所示。

（1）按月领取的，适用月度税率表计算纳税。

（2）按季领取的，平均分摊计入各月，按每月领取额适用月度税率表计算纳税。

（3）按年领取的，适用综合所得税率表计算纳税。

（4）一次性领取额分不同情况：

个人因出境定居而一次性领取的年金个人账户资金，或个人死亡后，其指定的受益人或法定继承人一次性领取的年金个人账户余额，适用综合所得税率表计算纳税。对个人除上述特殊原因外一次性领取年金个人账户资金或余额的，适用月度税率表计算纳税。

表16　　　　　　不同领取方式下的计税基础和适用税率表

领取方式		计税基础	适用税率
按月领取		每月领取金额	月度税率表
按季领取		平均分摊计入各月	月度税率表
按年领取的		每年领取金额	综合所得税率表
一次性领取	出境定居或个人死亡后一次性领取	一次性领取金额	综合所得税率表
	其他情况一次性领取	一次性领取金额	月度税率表

【例】某居民个人2020年达到国家规定的退休年龄，领取的企业年金、职业年金，其年金个人账户金额为420 000元，则：

（1）假设该居民个人分10年领完，每月领3 500元。

查找月度所得税率，税率为3%；

每月应交个人所得税＝3 500×3%＝105（元）；

总应交个人所得税＝10×12×105＝12 600（元）。

（2）假设该居民个人分10年领完，每季领10 500元，即每月领3 500元。

查找月度所得税率，税率为3%；

每季应交个人所得税＝3 500×3%×3＝315（元）；

总应交个人所得税＝10×4×315＝12 600（元）。

（3）假设该居民个人分10年领完，每年领42 000元。

查找综合所得税率，税率为10%，速算扣除数2 520；

每年应交个人所得税＝42 000×10%－2 520＝1 680（元）；

总应交个人所得税＝10×1 680＝16 800（元）。

（4）假设该居民个人因出国定居一次性领完420 000元。

查找综合所得税率，税率为25%，速算扣除数31 920；

应交个人所得税＝420 000×25%－31 920＝73 080（元）。

（5）假设没有特殊原因，该居民个人一次性领完420 000元。

查找月度所得税率，税率为45%，速算扣除数15 160；

应交个人所得税＝420 000×45%－15 160＝173 840（元）。

知识点 041：个人办理提前退休手续而取得的一次性补贴收入个人所得税处理

《国家税务总局关于个人提前退休取得补贴收入个人所得税问题的公告》（国家税务总局公告 2011 年第 6 号）规定，"机关、企事业单位对未达到法定退休年龄、正式办理提前退休手续的个人，按照统一标准向提前退休工作人员支付一次性补贴，不属于免税的离退休工资收入，应按照'工资、薪金所得'项目征收个人所得税。"

财税〔2018〕164 号文件规定，"个人办理提前退休手续而取得的一次性补贴收入，应按照办理提前退休手续至法定离退休年龄之间实际年度数平均分摊，确定适用税率和速算扣除数，单独适用综合所得税率表，计算纳税。计算公式为：

应纳税额 = {〔（一次性补贴收入÷办理提前退休手续至法定退休年龄的实际年度数）－费用扣除标准〕×适用税率－速算扣除数} ×办理提前退休手续至法定退休年龄的实际年度数"

根据上述文件规定的公式，应纳税额是按照年度计算，所以公式中的"费用扣除标准"为 60 000 元。

另政策规定"单独适用综合所得税率表"，即个人办理提前退休手续而取得的一次性补贴收入不并入当年综合所得计算缴纳个人所得税。

【例】某个人办理提前退休手续而取得的一次性补贴收入 240 000 元，办理提前退休手续至法定离退休年龄之间还有 3 年，则：

1. 找适用税率：

240 000÷3－60 000＝20 000，适用税率 3%，速算扣除数 0。

2. 计算应纳税额：

应纳税额＝〔（240 000÷3－60 000）×3%－0〕×3＝1 800（元）。

知识点 042：个人取得内部退养一次性收入个人所得税处理

财税〔2018〕164 号文件规定，"个人办理内部退养手续而取得的一次性补贴收入，按照《国家税务总局关于个人所得税有关政策问题的通知》（国税发〔1999〕58 号）规定计算纳税。"

《国家税务总局关于个人所得税有关政策问题的通知》（国税发〔1999〕58 号）规定："实行内部退养的个人在其办理内部退养手续后至法定离退休年龄之间从原任职单位取得的工资、薪金，不属于离退休工资，应按"工资、薪金所得"项目计征个人所得税。

个人在办理内部退养手续后从原任职单位取得的一次性收入，应按办理内部退养手续后至法定离退休年龄之间的所属月份进行平均，并与领取当月的"工资、薪金"所得合并后减除当月费用扣除标准，以余额为基数确定适用税率，再将当月工资、薪金加上取得的一次性收入，减去费用扣除标准，按适用税率计征个人所得税。

个人在办理内部退养手续后至法定离退休年龄之间重新就业取得的"工资、薪金"所得，应与其从原任职单位取得的同一月份的"工资、薪金"所得合并，并依法自行向主管税务机关申报缴纳个人所得税。"

根据上述文件规定，政策实务关键点：

1. 个人办理内部退养而取得一次性补贴收入，无须并入综合所得进行年度汇算清缴，但需要与当月工资合并计算税额，发放一次性补贴收入的当月工资收入，仍需要并入综合所得缴税。

2. 对个人办理内部退养取得一次性补贴收入与当月工资合并后减除的减除费用，在当年以后月份预扣预缴税款时可以扣除。

3. 计算过程。

(1) 找税率和速算扣除数。

个人在办理内部退养手续后从原任职单位取得的一次性收入,应按办理内部退养手续后至法定离退休年龄之间的所属月份进行平均,并与领取当月的"工资、薪金"所得合并后减除当月费用扣除标准,以余额为基数确定适用税率和速算扣除数。适用的税率表为月度税率表。

(2) 计算应纳税额。

当月工资、薪金加上取得的一次性收入,只减费用扣除标准,不减专项附加扣除等其他扣除,按适用税率计征个人所得税。

【例】某个人于2020年6月办理内退手续,距离正常退休还有2.5年,当月办理内部退养而取得一次性补贴收入150 000元、2020年度每月工资9 000元,个人缴付"三险一金"1 400元,享受2 000元的赡养老人等专项附加扣除。不考虑其他情况:

1. 个人办理内部退养而取得一次性补贴收入应缴纳个人所得税。

(1) 找适用税率。

150 000÷(2×12+6)+9 000-5 000=7 000(元);

查月度税率表适用税率10%,速算扣除数210。

(2) 计算应纳税额。

应缴个人所得税=(150 000+9 000-5 000)×10%-210=15 190(元)。

2. 综合所得应缴纳个人所得税。

应缴个人所得税=(9 000×12-60 000-1 400×12-2 000×12)×3%-0=216(元)。

知识点043:单位低价向职工售房个人所得税处理

财税〔2018〕164号文件规定,"单位按低于购置或建造成本价格出售住房给职工，职工因此而少支出的差价部分，符合《财政部 国家税务总局关于单位低价向职工售房有关个人所得税问题的通知》（财税〔2007〕13号）第二条规定的，不并入当年综合所得，以差价收入除以12个月得到的数额，按照月度税率表确定适用税率和速算扣除数，单独计算纳税。计算公式为：

应纳税额＝职工实际支付的购房价款低于该房屋的购置或建造成本价格的差额×适用税率－速算扣除数"

根据上述文件规定，政策实务关键点：

1. 找税率。

单位按低于购置或建造成本价格出售住房给职工，职工因此而少支出的差价部分除以12个月得到的数额，按照月度税率表确定适用税率和速算扣除数。

【提示点】①找适用税率和速算扣除数时，不管职工受雇的月份，都是除以12个月。

②适用的是月度税率表。

③应纳税所得额是职工实际支付的购房价款低于该房屋的购置或建造成本价格的差额，不是职工实际支付的购房价款低于公允价值或者对外销售价格的差额。如某单位团购住宅奖励给职工，团购价每平方米12 000元，该住宅房地产开发商对外销售均价13 800元，职工购买价格9 800元，则"职工实际支付的购房价款低于该房屋的购置或建造成本价格的差额"是2 200元每平方米（12 000－9 800），不是4 000元每平方米（13 800－9 800）。

2. 计算应纳税额。

应纳税额＝职工实际支付的购房价款低于该房屋的购置或建造成本价格的差额×适用税率－速算扣除数

【提示点】单独计算纳税，不并入当年综合所得。

【例】某单位建造了一幢住宅楼，建造成本为每平方米16 000元，对本单位职工销售价为每平方米15 000元，对外销售价为每平方米

18 000 元，其中某职工购置 120 平方米的住宅，则：

1. 找税率。

职工实际支付的购房价款低于该房屋的购置或建造成本价格的差额 =（16 000 – 15 000）× 120 ÷ 12 = 10 000（元）；

查询月度税率表，适用税率 10%，速算扣除数 210。

2. 计算应纳税额。

应纳税额 = 职工实际支付的购房价款低于该房屋的购置或建造成本价格的差额 × 适用税率 – 速算扣除数 =（16 000 – 15 000）× 120 × 10% – 210 = 11 790（元）。

知识点044：保险营销员、证券经纪人取得的佣金收入个人所得税计算方法

财税〔2018〕164号文件规定，"保险营销员、证券经纪人取得的佣金收入，属于劳务报酬所得，以不含增值税的收入减除20%的费用后的余额为收入额，收入额减去展业成本以及附加税费后，并入当年综合所得，计算缴纳个人所得税。保险营销员、证券经纪人展业成本按照收入额的25%计算。

扣缴义务人向保险营销员、证券经纪人支付佣金收入时，应按照《个人所得税扣缴申报管理办法（试行）》（国家税务总局公告2018年第61号）规定的累计预扣法计算预扣税款。"

国家税务总局公告2018年第61号公告规定，"累计预扣法，是指扣缴义务人在一个纳税年度内预扣预缴税款时，以纳税人在本单位截至当前月份工资、薪金所得累计收入减除累计免税收入、累计减除费用、累计专项扣除、累计专项附加扣除和累计依法确定的其他扣除后的余额为累计预扣预缴应纳税所得额，适用个人所得税预扣率表一（见附

件），计算累计应预扣预缴税额，再减除累计减免税额和累计已预扣预缴税额，其余额为本期应预扣预缴税额。余额为负值时，暂不退税。纳税年度终了后余额仍为负值时，由纳税人通过办理综合所得年度汇算清缴，税款多退少补。

具体计算公式如下：

本期应预扣预缴税额＝（累计预扣预缴应纳税所得额×预扣率－速算扣除数）－累计减免税额－累计已预扣预缴税额

累计预扣预缴应纳税所得额＝累计收入－累计免税收入－累计减除费用－累计专项扣除－累计专项附加扣除－累计依法确定的其他扣除

其中：累计减除费用，按照5 000元/月乘以纳税人当年截至本月在本单位的任职受雇月份数计算。"

《国家税务总局减税降费政策及问答库》：小规模纳税人增值税月销售额免税标准提高到10万元这项政策，同样适用于个人保险代理人为保险企业提供保险代理服务。同时，保险企业仍可按照《国家税务总局关于个人保险代理人税收征管有关问题的公告》（国家税务总局公告2016年第45号）相关规定，向主管税务机关申请汇总代开增值税发票，并可按规定适用免税政策。

其中，国家税务总局公告2016年第45号公告规定，"接受税务机关委托代征税款的保险企业，向个人保险代理人支付佣金费用后，可代个人保险代理人统一向主管税务机关申请汇总代开增值税普通发票或增值税专用发票。"

根据上述文件规定，政策实务关键点：

1. 保险营销员、证券经纪人取得的佣金收入属于劳务报酬所得。

2. 保险营销员、证券经纪人取得的佣金收入，虽然属于劳务报酬所得，扣缴义务人按照累计预扣法计算预扣税款，具体计算公式如下：

本期应预扣预缴税额＝（累计预扣预缴应纳税所得额×预扣率－速算扣除数）－累计减免税额－累计已预扣预缴税额

累计预扣预缴应纳税所得额＝累计收入额－累计减除费用－累计其

他扣除

其中：(1) 收入额按照不含增值税的收入减除20%的费用后的余额计算，即不含增值税的收入×(1-20%)。

【提示点】保险营销员、证券经纪人取得的佣金收入代开增值税发票时，享受小规模纳税人增值税月销售额10万元免增值税政策，则不进行价税分离；如代开增值税专用发票或者月销售额超过10万元，不能享受小规模纳税人增值税月销售额10万元免增值税政策，则进行价税分离。

(2) 累计减除费用按照5 000元/月乘以纳税人当年截至本月在本单位的从业月份数计算。

【提示点】由于个人所得税法实施条例第二十八条规定，居民个人取得劳务报酬所得、稿酬所得、特许权使用费所得，应当在汇算清缴时向税务机关提供有关信息，减除专项附加扣除。所以保险营销员、证券经纪人取得的佣金收入预扣预缴个人所得税时，不扣除专项扣除和专项附加扣除。

(3) 其他扣除按照展业成本、附加税费和依法确定的其他扣除之和计算，其中展业成本按照收入额的25%计算，即不含增值税的收入×(1-20%)×25%。

附加税费：保险营销员、证券经纪人取得的佣金收入代开增值税发票时，享受小规模纳税人增值税月销售额10万元免增值税政策，则无附加税费；如代开增值税专用发票或者月销售额超过10万元，不能享受小规模纳税人增值税月销售额10万元免增值税政策，则有附加税费。

(4) 预扣率和速算扣除数，比照《个人所得税扣缴申报管理办法（试行）》（国家税务总局公告2018年第61号发布）所附的"个人所得税预扣率表一"，即个人所得税综合所得税率表。

3. 佣金收入的个人所得税申报分为两个环节：第一个环节是预扣预缴个人所得税，第二个环节是符合汇算清缴条件纳税人还要进行汇算清缴，按照劳务报酬所得汇总的综合所得进行汇算清缴。

【例】某居民个人是保险公司营销员，2020年1月~3月，分别取得保险营销佣金收入10 000元、12 000元、15 000元，该保险公司接受税务机关委托代征税款，代保险代理个人统一向主管税务机关申请汇总代开增值税普通发票，享受小规模纳税人增值税月销售额10万元免增值税政策，每月自行缴纳"三险一金"1 800元，每月可享受专项附加扣除2 000元，无其他扣除，保险公司预扣预缴个人所得税：

1. 2020年1月应预扣预缴税额计算过程：

（1）累计收入额 = 10 000 × (1 - 20%) = 8 000（元）；

（2）累计减除费用 = 5 000 × 1 = 5 000（元）；

（3）累计其他扣除 = 累计展业成本 + 累计附加税费 + 累计其他扣除 = 10 000 × (1 - 20%) × 25% + 0 + 0 = 2 000（元）；

（4）累计预扣预缴应纳税所得额 = 累计收入额 - 累计减除费用 - 累计其他扣除 = 8 000 - 5 000 - 2 000 = 1 000（元）；

（5）本期应预扣预缴税额 = (累计预扣预缴应纳税所得额 × 预扣率 - 速算扣除数) - 累计减免税额 - 累计已预扣预缴税额 = (1 000 × 3% - 0) - 0 - 0 = 30（元）；

其中：应纳税所得额1 000元适用预扣率3%和速算扣除数0。

2. 2020年2月应预扣预缴税额计算过程：

（1）累计收入额 = (10 000 + 12 000) × (1 - 20%) = 17 600（元）；

（2）累计减除费用 = 5 000 × 2 = 10 000（元）；

（3）累计其他扣除 = 累计展业成本 + 累计附加税费 + 累计其他扣除 = (10 000 + 12 000) × (1 - 20%) × 25% + 0 + 0 = 4 400（元）；

（4）累计预扣预缴应纳税所得额 = 累计收入额 - 累计减除费用 - 累计其他扣除 = 17 600 - 10 000 - 4 400 = 3 200（元）；

（5）本期应预扣预缴税额 = (累计预扣预缴应纳税所得额 × 预扣率 - 速算扣除数) - 累计减免税额 - 累计已预扣预缴税额 = (3 200 × 3% - 0) - 0 - 30 = 66（元）。

其中：应纳税所得额 3 200 元适用预扣率 3% 和速算扣除数 0。

3. 2020 年 3 月应预扣预缴税额计算过程：

（1）累计收入额 =（10 000 + 12 000 + 15 000）×（1 - 20%）= 29 600（元）；

（2）累计减除费用 = 5 000 × 3 = 15 000（元）；

（3）累计其他扣除 = 累计展业成本 + 累计附加税费 + 累计其他扣除 =（10 000 + 12 000 + 15 000）×（1 - 20%）× 25% + 0 + 0 = 7 400（元）；

（4）累计预扣预缴应纳税所得额 = 累计收入额 - 累计减除费用 - 累计其他扣除 = 29 600 - 15 000 - 7 400 = 7 200（元）；

（5）本期应预扣预缴税额 =（累计预扣预缴应纳税所得额 × 预扣率 - 速算扣除数）- 累计减免税额 - 累计已预扣预缴税额 =（7 200 × 3% - 0）- 0 -（30 + 66）= 120（元）。

其中：应纳税所得额 7 200 元，适用预扣率 3% 和速算扣除数 0。

知识点 045：代开发票产生税费预扣预缴个人所得税的处理

财税〔2018〕164 号文件规定，保险营销员、证券经纪人取得的佣金收入，属于劳务报酬所得，以不含增值税的收入减除 20% 的费用后的余额为收入额，收入额减去展业成本以及附加税费后，并入当年综合所得，计算缴纳个人所得税。保险营销员、证券经纪人展业成本按照收入额的 25% 计算。

《财政部　国家税务总局关于营改增后契税、房产税、土地增值税、个人所得税计税依据问题的通知》（财税〔2016〕43 号）规定，"四、个人转让房屋的个人所得税应税收入不含增值税，其取得房屋时所支付价款中包含的增值税计入财产原值，计算转让所得时可扣除的税费不包括本次转让缴纳的增值税。

个人出租房屋的个人所得税应税收入不含增值税，计算房屋出租所得可扣除的税费不包括本次出租缴纳的增值税。个人转租房屋的，其向房屋出租方支付的租金及增值税额，在计算转租所得时予以扣除。

五、免征增值税的，确定计税依据时，成交价格、租金收入、转让房地产取得的收入不扣减增值税额。"

《国家税务总局关于修订部分个人所得税申报表的公告》（国家税务总局公告2019年第46号）附件1."个人所得税年度自行纳税申报表（a表）（简易版）（问答版）"：26.您在纳税年度内可以扣除的税费是多少？

说明：允许扣除的税费是指，个人取得劳务报酬、稿酬、特许权使用费收入时，发生的合理税费支出。

根据上述文件规定，政策实务关键点：

1. 增值税是价外税，应税交易的计税价格不包括增值税额，即收入的概念是不含增值税；另外，个人所得税缴纳前提强调的是所得，取得所得过程中产生的合理税费支出应该在计算"所得"时予以扣减。

2. 个人取得劳务报酬、稿酬、特许权使用费收入时，如果发生增值税及其他合理税费（不含个人所得税）支出，可以在计算缴纳个人所得税税前扣除。

3. 个人取得劳务报酬、稿酬、特许权使用费收入时计算缴纳个人所得税是如何扣除税费：

（1）如果发生增值税支出，其中劳务报酬、稿酬所得和特许权使用费以不含增值税的收入为收入，按规定预扣预缴和综合所得汇算清缴计算缴纳个人所得税。

如果属于免征增值税等未发生增值税支出，其中劳务报酬、稿酬所得和特许权使用费以全额收入，按规定预扣预缴和综合所得汇算清缴计算缴纳个人所得税。

（2）个人取得所得时按规定缴纳的个人所得税，不能作为其他税费计算缴纳个人所得税时扣除，否则计算变成"死循环"。

（3）除增值税和个人所得税以外的其他合理税费预扣预缴和年度汇算清缴按照"依法确定的其他扣除"项目扣除。

【例】某居民个人取得劳务报酬收入 96 000 元，按规定代开发票，缴纳增值税 2 796.12 元，缴纳城市维护建设税、教育费附加和地方教育附加 167.77 元，支付单位预扣预缴个人所得税：

（1）不含增值税收入：96 000÷（1＋3%）＝93 203.88（元）；

（2）本次劳务报酬收入超过 4 000 元的，扣除费用为劳务报酬收入的 20%：

扣除费用＝劳务报酬×20%＝93 203.88×20%＝18 640.776（元）；

（3）应纳税所得额＝劳务报酬－扣除费用－合理税费＝93 203.88－18 640.776－167.77＝74 395.334（元）

（4）应纳税所得额 74 395.334 元，参照劳务报酬预扣预缴税率表，得到税率 40%，速算扣除数 7 000。

应纳税额＝应纳税所得额×适用税率－速算扣除数＝74 395.334×40%－7 000＝22 758.13（元）。

【提示点】综合所得汇算清缴时，劳务报酬所得按 93 203.88 元收入和其他所得汇总计算缴纳个人所得税，其中扣除费用是 18 640.776 元（93 203.88×20%），其他扣除中"可以扣除的税费"167.77 元。

知识点 046：综合所得中扣除商业健康险支出

《财政部 国家税务总局 保监会关于将商业健康保险个人所得税试点政策推广到全国范围实施的通知》（财税〔2017〕39 号）规定：

"一、关于政策内容

对个人购买符合规定的商业健康保险产品的支出，允许在当年

（月）计算应纳税所得额时予以税前扣除，扣除限额为2 400元/年（200元/月）。单位统一为员工购买符合规定的商业健康保险产品的支出，应分别计入员工个人工资薪金，视同个人购买，按上述限额予以扣除。

2 400元/年（200元/月）的限额扣除为个人所得税法规定减除费用标准之外的扣除。

二、关于适用对象

适用商业健康保险税收优惠政策的纳税人，是指取得工资薪金所得、连续性劳务报酬所得的个人，以及取得个体工商户生产经营所得、对企事业单位的承包承租经营所得的个体工商户业主、个人独资企业投资者、合伙企业合伙人和承包承租经营者。

四、关于税收征管

（一）单位统一组织为员工购买或者单位和个人共同负担购买符合规定的商业健康保险产品，单位负担部分应当实名计入个人工资薪金明细清单，视同个人购买，并自购买产品次月起，在不超过200元/月的标准内按月扣除。一年内保费金额超过2 400元的部分，不得税前扣除。以后年度续保时，按上述规定执行。个人自行退保时，应及时告知扣缴单位。个人相关退保信息保险公司应及时传递给税务机关。

（二）取得工资薪金所得或连续性劳务报酬所得的个人，自行购买符合规定的商业健康保险产品的，应当及时向代扣代缴单位提供保单凭证。扣缴单位自个人提交保单凭证的次月起，在不超过200元/月的标准内按月扣除。一年内保费金额超过2 400元的部分，不得税前扣除。以后年度续保时，按上述规定执行。个人自行退保时，应及时告知扣缴义务人。

（三）个体工商户业主、企事业单位承包承租经营者、个人独资和合伙企业投资者自行购买符合条件的商业健康保险产品的，在不超过2 400元/年的标准内据实扣除。一年内保费金额超过2 400元的部分，不得税前扣除。以后年度续保时，按上述规定执行。"

《国家税务总局关于推广实施商业健康保险个人所得税政策有关征管问题的公告》（国家税务总局公告2017年第17号）规定：

"一、取得工资薪金所得、连续性劳务报酬所得的个人，以及取得个体工商户的生产经营所得、对企事业单位的承包承租经营所得的个体工商户业主、个人独资企业投资者、合伙企业个人合伙人和承包承租经营者，对其购买符合规定的商业健康保险产品支出，可按照《通知》（财税〔2017〕39号，下同）规定标准在个人所得税前扣除。

二、《通知》所称取得连续性劳务报酬所得，是指个人连续3个月以上（含3个月）为同一单位提供劳务而取得的所得。

三、有扣缴义务人的个人自行购买、单位统一组织为员工购买或者单位和个人共同负担购买符合规定的商业健康保险产品，扣缴义务人在填报'扣缴个人所得税报告表'或'特定行业个人所得税年度申报表'时，应将当期扣除的个人购买商业健康保险支出金额填至申报表'税前扣除项目'的'其他'列中（需注明商业健康保险扣除金额），并同时填报"商业健康保险税前扣除情况明细表"（见附件）。

其中，个人自行购买符合规定的商业健康保险产品的，应及时向扣缴义务人提供保单凭证，扣缴义务人应当依法为其税前扣除，不得拒绝。个人从中国境内两处或者两处以上取得工资薪金所得，且自行购买商业健康保险的，只能选择在其中一处扣除。

个人未续保或退保的，应于未续保或退保当月告知扣缴义务人终止商业健康保险税前扣除。

四、个体工商户业主、个人独资企业投资者、合伙企业个人合伙人和企事业单位承包承租经营者购买符合规定的商业健康保险产品支出，在年度申报填报'个人所得税生产经营所得纳税申报表（b表）'、享受商业健康保险税前扣除政策时，应将商业健康保险税前扣除金额填至'允许扣除的其他费用'行（需注明商业健康保险扣除金额），并同时填报'商业健康保险税前扣除情况明细表'。

实行核定征收的纳税人，应向主管税务机关报送'商业健康保税前扣除情况明细表',主管税务机关按程序相应调减其应纳税所得额或应纳税额。纳税人未续保或退保的,应当及时告知主管税务机关,终止商业健康保险税前扣除。

五、保险公司销售符合规定的商业健康保险产品,及时为购买保险的个人开具发票和保单凭证,并在保单凭证上注明税优识别码。

个人购买商业健康保险未获得税优识别码的,其支出金额不得税前扣除。

六、本公告所称税优识别码,是指为确保税收优惠商业健康保险保单的唯一性、真实性和有效性,由商业健康保险信息平台按照'一人一单一码'的原则对投保人进行校验后,下发给保险公司,并在保单凭证上打印的数字识别码。"

根据上述文件规定,政策实务关键点:

1. 2017年7月1日起,个人自行购买或单位统一为员工购买符合规定的商业健康保险产品,可以按照2 400元/年(200元/月)的标准在税前扣除。

《国家税务总局关于单位为员工支付有关保险缴纳个人所得税问题的批复》(国税函〔2005〕318号)规定,对企业为员工支付各项免税之外的保险金,应在企业向保险公司缴付时(即该保险落到被保险人的保险账户)并入员工当期的工资收入,按"工资、薪金所得"项目计征个人所得税,税款由企业负责代扣代缴。

2. 2019年度及以后年度,扣缴义务人向居民个人支付工资、薪金所得时,应当按照累计预扣法计算预扣税款,居民个人可以在一个纳税年度内在标准内分月税前扣除商业健康保险产品,也可纳税年度内或汇算清缴时标准内一次性扣除。

3. 税优识别码。

符合规定的人群购买符合条件的商业健康保险,必须取得税优识别码,才能享受税收优惠。

税优识别码是为确保税收优惠商业健康保险保单唯一性、真实性、有效性，避免纳税人重复购买税优商业保险产品，由商业健康保险信息平台按照"一人一单一码"原则对投保人进行校验后，下发给保险公司，并在保单凭证上打印的数字识别码。

个人购买商业健康保险但未获得税优识别码，以及购买其他保险产品的，不能享受税前扣除政策。

因此，纳税人要辨别一款保险产品是否可以享受个人所得税扣除政策，主要看购买时能否取得税优识别码。

4. 政策适用人群。

（1）取得工资薪金所得、连续性劳务报酬所得的个人。

连续性劳务报酬纳税人是指未与单位签订劳动合同，但又在单位连续性工作、有购买健康险意愿的个人。在判定上，要看该个人是否连续3个月以上（含3个月）为同一单位提供劳务并取得所得。典型人群：保险营销员、证券经纪人等。

（2）取得个体工商户生产经营所得的纳税人；

（3）取得对企事业单位承包承租经营所得的个体工商户业主；

（4）个人独资企业投资者、合伙企业合伙人和承包承租经营者。

5. 具体扣除。

（1）个人自行购买商业健康险产品。

个人直接购买商业健康险产品，取得税优识别码后，应及时向扣缴单位提供保单信息。扣缴义务人应依法为其进行税前扣除，不能拒绝个人税前扣除的合理要求。

（2）单位统一为个人购买商业健康险产品。

单位统一组织为员工购买，或者单位和个人共同负担购买符合规定的商业健康保险产品，应将单位为每一参保员工负担的金额分别计入其工资薪金，视同个人购买，并自购买产品次月起，在不超过200元/月的标准内按月扣除。

6. 其他问题。

（1）个人从中国境内两处或者两处以上取得工资薪金所得，且自行购买商业健康保险的,只能选择在其中一处扣除。

(2)个人当月既发放工资薪金,又发放了全年一次性奖金(按规定选择不并入综合所得单独计算缴纳个人所得税),还购买了带税优识别码的商业健康险,该商业健康险可以自行选择在当月工资薪金或全年一次性奖金的个人所得税前扣除,扣除限额为200元/月,且不得重复扣除。

(3)个人购买符合规定的商业健康保险产品,保险期满后未续保或退保的,应于未续保或退保当月告知扣缴义务人终止税前扣除。

知识点047:综合所得中扣除公益捐赠支出

个人所得税法第六条规定,"个人将其所得对教育、扶贫、济困等公益慈善事业进行捐赠,捐赠额未超过纳税人申报的应纳税所得额百分之三十的部分,可以从其应纳税所得额中扣除;国务院规定对公益慈善事业捐赠实行全额税前扣除的,从其规定。"

个人所得税法实施条例第十九条规定:"个人所得税法第六条第三款所称个人将其所得对教育、扶贫、济困等公益慈善事业进行捐赠,是指个人将其所得通过中国境内的公益性社会组织、国家机关向教育、扶贫、济困等公益慈善事业的捐赠;所称应纳税所得额,是指计算扣除捐赠额之前的应纳税所得额。"

《财政部 税务总局关于公益慈善事业捐赠个人所得税政策的公告》(财政部 税务总局公告2019年第99号)规定:

"一、个人通过中华人民共和国境内公益性社会组织、县级以上人民政府及其部门等国家机关,向教育、扶贫、济困等公益慈善事业的捐赠(以下简称公益捐赠),发生的公益捐赠支出,可以按照个人所得税法有关规定在计算应纳税所得额时扣除。

前款所称境内公益性社会组织，包括依法设立或登记并按规定条件和程序取得公益性捐赠税前扣除资格的慈善组织、其他社会组织和群众团体。

二、个人发生的公益捐赠支出金额，按照以下规定确定：

（一）捐赠货币性资产的，按照实际捐赠金额确定；

（二）捐赠股权、房产的，按照个人持有股权、房产的财产原值确定；

（三）捐赠除股权、房产以外的其他非货币性资产的，按照非货币性资产的市场价格确定。

三、居民个人按照以下规定扣除公益捐赠支出：

（一）居民个人发生的公益捐赠支出可以在财产租赁所得、财产转让所得、利息股息红利所得、偶然所得（以下统称分类所得）、综合所得或者经营所得中扣除。在当期一个所得项目扣除不完的公益捐赠支出，可以按规定在其他所得项目中继续扣除；

（二）居民个人发生的公益捐赠支出，在综合所得、经营所得中扣除的，扣除限额分别为当年综合所得、当年经营所得应纳税所得额的百分之三十；在分类所得中扣除的，扣除限额为当月分类所得应纳税所得额的百分之三十；

（三）居民个人根据各项所得的收入、公益捐赠支出、适用税率等情况，自行决定在综合所得、分类所得、经营所得中扣除的公益捐赠支出的顺序。

四、居民个人在综合所得中扣除公益捐赠支出的，应按照以下规定处理：

（一）居民个人取得工资薪金所得的，可以选择在预扣预缴时扣除，也可以选择在年度汇算清缴时扣除。

居民个人选择在预扣预缴时扣除的，应按照累计预扣法计算扣除限额，其捐赠当月的扣除限额为截止当月累计应纳税所得额的百分之三十（全额扣除的从其规定，下同）。个人从两处以上取得工资薪金所得，选择其中一处扣除，选择后当年不得变更。

（二）居民个人取得劳务报酬所得、稿酬所得、特许权使用费所得的，预扣预缴时不扣除公益捐赠支出，统一在汇算清缴时扣除。

（三）居民个人取得全年一次性奖金、股权激励等所得，且按规定采取不并入综合所得而单独计税方式处理的，公益捐赠支出扣除比照本公告分类所得的扣除规定处理。

五、居民个人发生的公益捐赠支出，可在捐赠当月取得的分类所得中扣除。当月分类所得应扣除未扣除的公益捐赠支出，可以按照以下规定追补扣除：

（一）扣缴义务人已经代扣但尚未解缴税款的，居民个人可以向扣缴义务人提出追补扣除申请，退还已扣税款。

（二）扣缴义务人已经代扣且解缴税款的，居民个人可以在公益捐赠之日起90日内提请扣缴义务人向征收税款的税务机关办理更正申报追补扣除，税务机关和扣缴义务人应当予以办理。

（三）居民个人自行申报纳税的，可以在公益捐赠之日起90日内向主管税务机关办理更正申报追补扣除。

居民个人捐赠当月有多项多次分类所得的，应先在其中一项一次分类所得中扣除。已经在分类所得中扣除的公益捐赠支出，不再调整到其他所得中扣除。

六、在经营所得中扣除公益捐赠支出，应按以下规定处理：

（一）个体工商户发生的公益捐赠支出，在其经营所得中扣除。

（二）个人独资企业、合伙企业发生的公益捐赠支出，其个人投资者应当按照捐赠年度合伙企业的分配比例（个人独资企业分配比例为百分之百），计算归属于每一个人投资者的公益捐赠支出，个人投资者应将其归属的个人独资企业、合伙企业公益捐赠支出和本人需要在经营所得扣除的其他公益捐赠支出合并，在其经营所得中扣除。

（三）在经营所得中扣除公益捐赠支出的，可以选择在预缴税款时扣除，也可以选择在汇算清缴时扣除。

（四）经营所得采取核定征收方式的，不扣除公益捐赠支出。

七、非居民个人发生的公益捐赠支出，未超过其在公益捐赠支出发生的当月应纳税所得额百分之三十的部分，可以从其应纳税所得额中扣除。扣除不完的公益捐赠支出，可以在经营所得中继续扣除。

非居民个人按规定可以在应纳税所得额中扣除公益捐赠支出而未实际扣除的，可按照本公告第五条规定追补扣除。

八、国务院规定对公益捐赠全额税前扣除的，按照规定执行。个人同时发生按百分之三十扣除和全额扣除的公益捐赠支出，自行选择扣除次序。

九、公益性社会组织、国家机关在接受个人捐赠时，应当按照规定开具捐赠票据；个人索取捐赠票据的，应予以开具。

个人发生公益捐赠时不能及时取得捐赠票据的，可以暂时凭公益捐赠银行支付凭证扣除，并向扣缴义务人提供公益捐赠银行支付凭证复印件。个人应在捐赠之日起 90 日内向扣缴义务人补充提供捐赠票据，如果个人未按规定提供捐赠票据的，扣缴义务人应在 30 日内向主管税务机关报告。

机关、企事业单位统一组织员工开展公益捐赠的，纳税人可以凭汇总开具的捐赠票据和员工明细单扣除。

十、个人通过扣缴义务人享受公益捐赠扣除政策，应当告知扣缴义务人符合条件可扣除的公益捐赠支出金额，并提供捐赠票据的复印件，其中捐赠股权、房产的还应出示财产原值证明。扣缴义务人应当按照规定在预扣预缴、代扣代缴税款时予扣除，并将公益捐赠扣除金额告知纳税人。

个人自行办理或扣缴义务人为个人办理公益捐赠扣除的，应当在申报时一并报送'个人所得税公益慈善事业捐赠扣除明细表'（见附件）。个人应留存捐赠票据，留存期限为五年。

十一、本公告自 2019 年 1 月 1 日起施行。个人自 2019 年 1 月 1 日至本公告发布之日期间发生的公益捐赠支出，按照本公告规定可以在分类所得中扣除但未扣除的，可以在 2020 年 1 月 31 日前通过扣缴义务人向征收税款的税务机关提出追补扣除申请，税务机关应当按规定予以办理。"

根据上述文件规定，政策实务关键点：

公益慈善事业捐赠个人所得税政策让个人能充分享受公益捐赠税前扣除，提供了更大的选择性，相应增加实务操作复杂程度。发生公益捐赠行为的个人，首先要准确判断捐赠是否符合个人所得税税前扣除，向哪个部门或组织捐赠（与是限额扣除还是全额扣除有关），以何种资产进行公益捐赠，还要根据个人不同所得项目的收入（应纳税所得额）、捐赠支出金额、适用税率等情况，合理安排捐赠时点，选择进行税前扣除的所得项目及顺序等。

1. 公益捐赠范围。

个人将其所得通过中国境内的公益性社会组织、国家机关向教育、扶贫、济困等公益慈善事业的捐赠，其中中国境内的公益性社会组织、国家机关包括：

（1）境内公益性社会组织，包括依法设立或登记并按规定条件和程序取得公益性捐赠税前扣除资格的慈善组织、其他社会组织和群众团体；

（2）县级以上人民政府及其部门等国家机关。

不是通过上述两个途径的捐赠都不能直接税前扣除。

【例】纳税人个人直接向受赠人的捐赠不可以税前扣除；纳税人个人直接向学校的捐赠也不可以税前扣除。

2. 公益性捐赠个人所得税税前扣除额。

（1）限额扣除。

个人将其所得对教育、扶贫、济困等公益慈善事业进行捐赠，捐赠额未超过纳税人申报的应纳税所得额百分之三十的部分，可以从其应纳税所得额中扣除。其中应纳税所得额，是指计算扣除捐赠额之前的应纳税所得额。

准予扣除的捐赠限额 = min（除准予扣除的捐赠额外的应纳税所得额 * 扣除比例，捐赠金额）

【提示点】 理解政策需要把握税收名词：应纳税所得额。

如居民个人发生的公益捐赠支出，可在捐赠当月取得的分类所得中扣除，如居民个人选择在财产租赁所得中扣除，扣除限额为应纳税所得额百分之三十（全额扣除的从其规定，下同），同时按规定，财产租赁所得，每次收入不超过四千元的，减除费用八百元；四千元以上的，减除百分之二十的费用，其余额为应纳税所得额，不考虑税费等情况，所以扣除限额的基数是减除费用后的余额百分之三十。

再如居民个人取得工资薪金所得的，选择在预扣预缴时扣除的，应按照累计预扣法计算扣除限额，其捐赠当月的扣除限额为截止当月累计应纳税所得额的百分之三十。

居民个人取得工资薪金所得等综合所得，选择在年度汇算清缴时扣除，其捐赠当年的扣除限额为"以每一纳税年度的收入额减除费用六万元以及专项扣除、专项附加扣除和依法确定的其他扣除后的余额，为应纳税所得额"的百分之三十。

【例】 某居民个人从任职受雇单位取得工资薪金所得，截至2020年11月累计应纳税所得额22万元，截至2020年12月累计应纳税所得额24万元，2020年度还取得其他综合所得收入，全年综合所得应纳税所得额30万元，该居民个人11月份向符合限额扣除规定的某公益性项目捐款8万元：

其11月捐赠当月的扣除限额为220 000 × 30% = 66 000元，另12月预扣预缴时扣除限额240 000 × 30% = 72 000元。

2020年1~11月已累计应纳税额：(220 000 - 66 000) × 20% - 16 920 = 13 880（元）

2020年1~12月累计应缴税额：(240 000 - 72 000) × 20% - 16 920 = 16 680元。

因此12月份需预缴个人所得税2 800元（16 680 - 13 880）。

因 80 000 ＜ 300 000 × 30% ＝ 900 000 元，则 2020 年度汇算时公益捐款扣除额为 80 000 元。

（2）全额扣除。

详见"知识点 048：公益捐赠支出全额扣除"。

3. 公益捐赠支出金额确定。

（1）捐赠货币性资产的，按照实际捐赠金额确定；

（2）捐赠股权、房产的，按照个人持有股权、房产的财产原值确定；

（3）捐赠除股权、房产以外的其他非货币性资产的，按照非货币性资产的市场价格确定。

【例】某居民个人 2020 年向符合全额扣除规定的某项目捐赠了现金 8 万元，以及市场价为 320 万元的一套房产（房产原值为 180 万元）和一部市场价 16 万元的旧汽车（汽车原值为 24 万元），在 2020 年汇算清缴时，可扣除的捐赠支出为：

（1）捐赠货币性资产的，按照实际捐赠金额确定，即支出金额为 8 万元；

（2）捐赠房产的，按照个人持有房产的财产原值确定，即捐赠房产确定捐赠支出金额为 180 万元；

（3）捐赠除股权、房产以外的其他非货币性资产的，按照非货币性资产的市场价格确定，即捐赠汽车确定捐赠支出金额为 16 万元。

该居民个人 2020 年公益捐赠的支出金额为 8 ＋ 180 ＋ 16 ＝ 204 万元。

4. 居民个人公益捐赠可选择各类所得扣除。

（1）综合所得；

（2）经营所得；

（3）财产租赁所得；

（4）财产转让所得；

（5）利息、股息、红利所得；

（6）偶然所得所得；

（7）年终一次性奖金、股权激励所得等单独计税项目。

居民个人可选择在哪项所得扣除捐赠支出，实务中把握以下几点：

（1）居民个人根据各项所得的收入、公益捐赠支出、适用税率等情况，自行决定在综合所得、分类所得、经营所得中扣除的公益捐赠支出的顺序。

实务中，如果居民个人所得项目较多，尽可能用适用税率较高的所得扣除捐赠支出，从而有效节税。

（2）在当期一个所得项目扣除不完的公益捐赠支出，可以按规定在其他所得项目中继续扣除。

（3）可在捐赠当月取得的分类所得（除综合所得和经营所得，下同）中扣除，如果放弃在分类所得中扣除的部分，不再追溯调整。

（4）居民个人发生的公益捐赠支出，在综合所得、经营所得中扣除的，扣除限额分别为当年综合所得、当年经营所得应纳税所得额的百分之三十；在分类所得中扣除的，扣除限额为当月分类所得应纳税所得额的百分之三十。

5. 居民个人在综合所得中扣除公益捐赠支出。

（1）居民个人取得工资薪金所得的，可以选择在预扣预缴时扣除，也可以选择在年度汇算清缴时扣除。

居民个人选择在预扣预缴时扣除的，应按照累计预扣法计算扣除限额，其捐赠当月的扣除限额为截止当月累计应纳税所得额的百分之三十（全额扣除的从其规定，下同）。

另外，综合所得捐赠支出不得大于除捐赠外的应纳税所得额。个人从两处以上取得工资薪金所得，选择其中一处扣除，选择后当年不得变更。

（2）居民个人取得劳务报酬所得、稿酬所得、特许权使用费所得的，预扣预缴时不扣除公益捐赠支出，统一在汇算清缴时扣除。

（3）居民个人取得全年一次性奖金、股权激励等所得，且按规定采取不并入综合所得而单独计税方式处理的，公益捐赠支出扣除比照分类所得的扣除规定处理。

（4）申报时，完成新增公益捐赠后，可通过"设置扣除"分配捐赠在综合所得的捐赠扣除金额。

6. 在经营所得中扣除公益捐赠支出。

（1）个体工商户发生的公益捐赠支出，在其经营所得中扣除。

（2）个人独资企业、合伙企业发生的公益捐赠支出，其个人投资者应当按照捐赠年度合伙企业的分配比例（个人独资企业分配比例为百分之百），计算归属于每一个人投资者的公益捐赠支出，个人投资者应将其归属的个人独资企业、合伙企业公益捐赠支出和本人需要在经营所得扣除的其他公益捐赠支出合并，在其经营所得中扣除。

【例】居民个人在某合伙企业中享有该企业应纳税所得额的约定分配比例为40%，该企业当年发生公益捐赠支出120万元，归属的给居民个人投资者的合伙企业公益捐赠支出为48万元，该捐赠支出只能在经营所得中扣除，不能在综合所得、分类所得中扣除。该居民个人当年发生公益捐赠支出40万元，其中需要在经营所得扣除的其他公益捐赠支出为10万元，则当年经营所得中扣除合计公益捐赠支出为58万元。

（3）在经营所得中扣除公益捐赠支出的，可以选择在预缴税款时扣除，也可以选择在汇算清缴时扣除。

（4）经营所得采取核定征收方式的，不扣除公益捐赠支出。

7. 居民个人公益捐赠支出在分类所得的扣除时间。

（1）可在捐赠当月取得的分类所得中扣除。

（2）当月分类所得应扣除未扣除的公益捐赠支出，可以追补扣除。

（3）居民个人捐赠当月有多项多次分类所得的，应先在其中一项一次分类所得中扣除。已经在分类所得中扣除的公益捐赠支出，不再调整到其他所得中扣除。

8. 非居民个人发生的公益捐赠支出。

（1）未超过其在公益捐赠支出发生的当月应纳税所得额百分之三十的部分，可以从其应纳税所得额中扣除，其中当月应纳税所得额是所有的个人所得的当月应纳税所得额。

（2）扣除不完的公益捐赠支出，可以在经营所得中继续扣除。

（3）非居民个人按规定可以在应纳税所得额中扣除公益捐赠支出而未实际扣除的，可追补扣除。

9. 捐赠票据。

（1）个人应留存捐赠票据，留存期限为五年。

（2）个人通过扣缴义务人享受公益捐赠扣除政策，应当告知扣缴义务人符合条件可扣除的公益捐赠支出金额，并提供捐赠票据的复印件，其中捐赠股权、房产的还应出示财产原值证明。

（3）机关、企事业单位统一组织员工开展公益捐赠的，纳税人可以凭汇总开具的捐赠票据和员工明细单扣除。

（4）个人发生公益捐赠时不能及时取得捐赠票据的，可以暂时凭公益捐赠银行支付凭证扣除，并向扣缴义务人提供公益捐赠银行支付凭证复印件。个人应在捐赠之日起 90 日内向扣缴义务人补充提供捐赠票据，如果个人未按规定提供捐赠票据的，扣缴义务人应在 30 日内向主管税务机关报告。

10. 公益捐赠申报。

个人自行办理或扣缴义务人为个人办理公益捐赠扣除的，应当在申报时一并报送"个人所得税公益慈善事业捐赠扣除明细表"。

知识点 048：公益捐赠支出全额扣除

个人所得税法第六条规定："个人将其所得对教育、扶贫、济困等公益慈善事业进行捐赠，捐赠额未超过纳税人申报的应纳税所得额百分之三十的部分，可以从其应纳税所得额中扣除；国务院规定对公益慈善事业捐赠实行全额税前扣除的，从其规定。"

国务院规定对公益慈善事业捐赠实行全额税前扣除具体包括以下

情形：

1. 对个人通过非营利性的社会团体和国家机关（包括中国红十字会）向红十字事业的捐赠，在计算缴纳个人所得税时准予全额扣除。

——摘自《财政部 国家税务总局关于企业等社会力量向红十字事业捐赠有关所得税政策问题的通知》（财税〔2000〕30号）

2. 对个人通过非营利性的社会团体和国家机关对公益性青少年活动场所（其中包括新建）的捐赠，在缴纳个人所得税前准予全额扣除。

——摘自《财政部 国家税务总局关于对青少年活动场所、电子游戏厅有关所得税和营业税政策问题的通知》（财税〔2000〕21号）

3. 对个人通过非营利性的社会团体和政府部门向福利性、非营利性的老年服务机构的捐赠，在缴纳个人所得税前准予全额扣除。

——摘自《财政部 国家税务总局关于对老年服务机构有关税收政策问题的通知》（财税〔2000〕97号）

4. 对个人通过非营利的社会团体和国家机关向农村义务教育的捐赠，准予在缴纳个人所得税前的所得额中全额扣除。

——摘自《财政部 国家税务总局关于纳税人向农村义务教育捐赠有关所得税政策的通知》（财税〔2001〕103号）

5. 对个人向中华健康快车基金会和孙冶方经济科学基金会、中华慈善总会、中国法律援助基金会和中华见义勇为基金会的捐赠，准予在缴纳个人所得税前全额扣除。

——摘自《财政部 国家税务总局关于向中华健康快车基金会等5家单位的捐赠所得税税前扣除问题的通知》（财税〔2003〕204号）

6. 纳税人通过中国境内非营利的社会团体、国家机关向教育事业的捐赠，准予在个人所得税前全额扣除。

——摘自《财政部 国家税务总局关于教育税收政策的通知》（财税〔2004〕39号）

7. 对个人通过宋庆龄基金会、中国福利会、中国残疾人福利基金会、中国扶贫基金会、中国煤矿尘肺病治疗基金会、中华环境保护基金会用于公益救济性的捐赠，准予在缴纳个人所得税前全额扣除。

——摘自《财政部 国家税务总局关于向宋庆龄基金会等6家单位捐赠所得税政策问题的通知》（财税〔2004〕172号）

8. 对个人通过中国老龄事业发展基金会、中国华文教育基金会、中国绿化基金会、中国妇女发展基金会、中国关心下一代健康体育基金会、中国生物多样性保护基金会、中国儿童少年基金会和中国光彩事业基金会用于公益救济性捐赠，准予在缴纳个人所得税前全额扣除。

——摘自《财政部 国家税务总局关于中国老龄事业发展基金会等8家单位捐赠所得税政策问题的通知》（财税〔2006〕66号）

9. 对个人通过中国医药卫生事业发展基金会用于公益救济性捐赠，准予在缴纳个人所得税前全额扣除。

——摘自《财政部 国家税务总局关于中国医药卫生事业发展基金会捐赠所得税政策问题的通知》（财税〔2006〕67号）

10. 对个人通过中国教育发展基金会用于公益救济性捐赠，准予在缴纳个人所得税前全额扣除。

——摘自《财政部 国家税务总局关于中国教育发展基金会捐赠所得税政策问题的通知》（财税〔2006〕68号）

11. 企业和个人通过公益性社会组织或者县级以上人民政府及其部门等国家机关，捐赠用于应对新型冠状病毒感染的肺炎疫情的现金和物品，允许在计算应纳税所得额时全额扣除。

企业和个人直接向承担疫情防治任务的医院捐赠用于应对新型冠状病毒感染的肺炎疫情的物品，允许在计算应纳税所得额时全额扣除。

捐赠人凭承担疫情防治任务的医院开具的捐赠接收函办理税前扣除事宜。

2020年1月1日起施行，截止日期视疫情情况另行公告。

——摘自《财政部 税务总局关于支持新型冠状病毒感染的肺炎疫情防控有关捐赠税收政策的公告》（财政部、税务总局公告2020年第9号）

知识点 049：全年一次性奖金单独计税扣除公益捐赠支出

《财政部 国家税务总局关于公益慈善事业捐赠个人所得税政策的公告》（财政部 税务总局公告 2019 年第 99 号）规定，"居民个人取得全年一次性奖金、股权激励等所得，且按规定采取不并入综合所得而单独计税方式处理的，公益捐赠支出扣除比照本公告分类所得的扣除规定处理。"

个人所得税法第六条规定，"个人将其所得对教育、扶贫、济困等公益慈善事业进行捐赠，捐赠额未超过纳税人申报的应纳税所得额百分之三十的部分，可以从其应纳税所得额中扣除；国务院规定对公益慈善事业捐赠实行全额税前扣除的，从其规定。"

个人所得税法实施条例第十九条规定，"个人所得税法第六条第三款所称个人将其所得对教育、扶贫、济困等公益慈善事业进行捐赠，是指个人将其所得通过中国境内的公益性社会组织、国家机关向教育、扶贫、济困等公益慈善事业的捐赠；所称应纳税所得额，是指计算扣除捐赠额之前的应纳税所得额。"

根据上述政策规定，居民个人取得全年一次性奖金，选择不并入综合所得而单独计税方式处理的，公益捐赠支出扣除比照分类所得的扣除规定处理。

按照规定居民个人取得符合规定的全年一次性奖金，在 2021 年 12 月 31 日前，不并入当年综合所得，以全年一次性奖金收入除以 12 个月得到的数额，按照月度税率表，确定适用税率和速算扣除数，单独计算纳税。计算公式为：

应纳税额 = 全年一次性奖金收入 × 适用税率 − 速算扣除数

根据上述公式，全年一次性奖金收入应该就是应纳税所得额，限额扣除的公益捐赠支出为全年一次性奖金收入百分之三十。

公益捐赠支出在全年一次性奖金（采取不并入综合所得而单独计税方式处理的）扣除，以全年一次性奖金收入减去符合规定公益捐赠支出后的余额除以12个月得到的数额，按照月度税率表，确定适用税率和速算扣除数，单独计算纳税。计算公式为：

应纳税额=（全年一次性奖金收入-符合规定公益捐赠支出）×适用税率-速算扣除数

【例】某居民个人2020年10月取得全年一次性奖金100 000元，选择不并入综合所得而单独计税方式，该居民个人2020年10月通过非营利的社会团体和国家机关向农村义务教育的捐赠8 000元，通过某县级人民政府向教育公益慈善事业的捐赠（属于限额扣除）7 000元，则全年一次性奖金应纳个人所得税税额计算如下：

1. 公益性捐赠扣除限额。

（1）7 000＜100 000×30%，可以全额扣除。

（2）公益性捐赠扣除限额=8 000+7 000=15 000（元）。

2. 扣除公益性捐赠后，年终奖金额收入=100 000-15 000=85 000（元）。

（1）找税率。

以全年一次性奖金收入除以12个月得到的数额，按照月度税率表，确定适用税率和速算扣除数。

全年一次性奖金收入除以12个月得到的数额=85 000÷12=7 083.33（元）；

参照月度税率表，得到税率10%，速算扣除数210。

（2）计算应纳税额。

应纳税额=应纳税所得额×适用税率-速算扣除数=85 000×10%-210=8 290（元）。

税后年终奖=税前年终奖-应纳税额=100 000-8 290=91 710（元）。

【例】某居民个人2020年度取得全年一次性奖金421 000元，选择不并入综合所得而单独计税方式。

1. 找税率。

以全年一次性奖金收入除以12个月得到的数额，按照月度税率表，确定适用税率和速算扣除数。

全年一次性奖金收入除以12个月得到的数额＝421 000÷12＝35 083.33（元）；

参照月度税率表，得到税率30%，速算扣除数4 410。

2. 计算应纳税额。

应纳税额＝应纳税所得额×适用税率－速算扣除数＝421 000×30%－4 410＝121 890（元）；

税后年终奖＝税前年终奖－应纳税额＝421 000－121 890＝299 110（元）。

如果该居民个人2020年通过非营利的社会团体和国家机关向农村义务教育捐赠1 000元，则：

3. 找税率

以全年一次性奖金收入除以12个月得到的数额，按照月度税率表，确定适用税率和速算扣除数。

全年一次性奖金收入除以12个月得到的数额＝（421 000－1 000）÷12＝35 000（元）；

参照月度税率表，得到税率25%，速算扣除数2 660。

4. 计算应纳税额。

应纳税额＝应纳税所得额×适用税率－速算扣除数＝420 000×25%－2 660＝102 340（元）。

税后年终奖＝税前年终奖－应纳税额＝420 000－102 340＝317 660（元）。

对比上述两种情形，第二种情形居民个人公益捐赠支出1 000元（可全额扣除），但是税后年终奖多18 550元（317 660－299 110）。

【提示点】公益捐赠能省税，是一个伪命题，因为公益捐赠支出＞公益捐赠支出（全额能扣除情况下）×税率（其中个人所得税最高适用税率45%），除非公益捐赠支出扣除能避开全年一次性奖金存在无效区间（盲区）等特殊情形。

知识点050：股权激励等其他单独不并入综合所得项目发生公益捐赠支出

居民个人取得全年一次性奖金、股权激励等所得，且按规定采取不并入综合所得而单独计税方式处理的，公益捐赠支出扣除比照分类所得的扣除规定处理。其关键点是如何确定上述所得项目的应纳税所得额，进而准确计算限额扣除的捐赠额，从而计算个人所得税应纳税额。按照税法基本要素，应纳税所得额是税基，通俗地说，特殊情况除外，其就是计算应纳税额计算公式中乘以税率的"数"。

1. 居民个人取得股权激励扣除公益捐赠计算缴纳个人所得税。

居民个人取得股票期权、股票增值权、限制性股票、股权奖励等股权激励（以下简称股权激励），符合相关条件的，在2021年12月31日前，不并入当年综合所得，全额单独适用综合所得税率表，计算纳税。计算公式为：

应纳税额 =（股权激励收入 − 可扣除公益捐赠支出）× 适用税率 − 速算扣除数

2. 居民个人取得解除劳动关系取得一次性补偿收入扣除公益捐赠计算缴纳个人所得税。

个人与用人单位解除劳动关系取得一次性补偿收入，减除可扣除公益捐赠支出的余额，在当地上年职工平均工资3倍数额以内的部分，免征个人所得税；余额超过3倍数额的部分，不并入当年综合所得，单独适用综合所得税率表，计算纳税。

【例】某居民于 2020 年 3 月与公司解除劳动合同，取得一次性的补偿金收入 417 471 元，假设当地上年职工年平均工资 127 107 元，当月个人通过非营利的社会团体和国家机关向农村义务教育捐赠 150 元，则：

免税收入：127 107 × 3 = 381 321（元）；

查找税率：417 471 − 381 321 − 150 = 36 000（元）；

适用税率为 3%，速算扣除数为 0；

计算应纳税所得额 = 36 000 × 3% − 0 = 1 080（元）。

3. 居民个人取得提前退休手续而取得的一次性补贴收入扣除公益捐赠计算缴纳个人所得税。

个人办理提前退休手续而取得的一次性补贴收入，应按照办理提前退休手续至法定离退休年龄之间实际年度数平均分摊，确定适用税率和速算扣除数，单独适用综合所得税率表，计算纳税。计算公式：

应纳税额 = {〔(一次性补贴收入 − 可扣除公益捐赠支出) ÷ 办理提前退休手续至法定退休年龄的实际年度数 − 费用扣除标准〕× 适用税率 − 速算扣除数} × 办理提前退休手续至法定退休年龄的实际年度数

4. 居民个人领取的企业年金、职业年金扣除公益捐赠计算缴纳个人所得税

个人达到国家规定的退休年龄，领取的企业年金、职业年金，符合规定的，不并入综合所得，全额单独计算应纳税款。

（1）按月领取的，可在取得年金中扣除当月公益捐赠支出的余额，适用月度税率表计算纳税。

（2）按季领取的，可在取得年金中扣除当季度公益捐赠支出的余额，平均分摊计入各月，按每月领取额适用月度税率表计算纳税。

（3）按年领取的，领取金额扣除当月公益捐赠支出的余额，适用综合所得税率表计算纳税。

(4) 个人因出境定居而一次性领取的年金个人账户资金，或个人死亡后，其指定的受益人或法定继承人一次性领取的年金个人账户余额，扣除领取当月扣除当月公益捐赠支出的余额，适用综合所得税率表计算纳税。对个人除上述特殊原因外一次性领取年金个人账户资金或余额的，扣除领取当月扣除当月公益捐赠支出的余额，适用月度税率表计算纳税。

5. 单位低价向职工售房扣除公益捐赠计算缴纳个人所得税。

单位按低于购置或建造成本价格出售住房给职工，职工因此而少支出的差价部分，符合规定的，不并入当年综合所得，以差价收入除以12个月得到的数额，按照月度税率表确定适用税率和速算扣除数，单独计算纳税。计算公式为：

应纳税额 =（职工实际支付的购房价款低于该房屋的购置或建造成本价格的差额 – 可扣除公益捐赠支出）× 适用税率 – 速算扣除数

知识点 051：企业年金和职业年金缴费的个人所得税处理

《财政部 人力资源社会保障部 国家税务总局关于企业年金、职业年金个人所得税有关问题的通知》（财税〔2013〕103 号）规定：

"一、企业年金和职业年金缴费的个人所得税处理

1. 企业和事业单位（以下统称单位）根据国家有关政策规定的办法和标准，为在本单位任职或者受雇的全体职工缴付的企业年金或职业年金（以下统称年金）单位缴费部分，在计入个人账户时，个人暂不缴纳个人所得税。

2. 个人根据国家有关政策规定缴付的年金个人缴费部分，在不超过本人缴费工资计税基数的 4% 标准内的部分，暂从个人当期的应纳税

所得额中扣除。

3. 超过本通知第一条第 1 项和第 2 项规定的标准缴付的年金单位缴费和个人缴费部分，应并入个人当期的工资、薪金所得，依法计征个人所得税。税款由建立年金的单位代扣代缴，并向主管税务机关申报解缴。

4. 企业年金个人缴费工资计税基数为本人上一年度月平均工资。月平均工资按国家统计局规定列入工资总额统计的项目计算。月平均工资超过职工工作地所在设区城市上一年度职工月平均工资 300% 以上的部分，不计入个人缴费工资计税基数。

职业年金个人缴费工资计税基数为职工岗位工资和薪级工资之和。职工岗位工资和薪级工资之和超过职工工作地所在设区城市上一年度职工月平均工资 300% 以上的部分，不计入个人缴费工资计税基数。

二、年金基金投资运营收益的个人所得税处理

年金基金投资运营收益分配计入个人账户时，个人暂不缴纳个人所得税。

……

六、本通知所称企业年金，是指根据《企业年金试行办法》（原劳动和社会保障部令第 20 号）的规定，企业及其职工在依法参加基本养老保险的基础上，自愿建立的补充养老保险制度。所称职业年金是指根据《事业单位职业年金试行办法》（国办发〔2011〕37 号）的规定，事业单位及其工作人员在依法参加基本养老保险的基础上，建立的补充养老保险制度。"

《企业年金试行办法》（原劳动和社会保障部令第 20 号）规定，

"第七条　企业年金所需费用由企业和职工个人共同缴纳。企业缴费的列支渠道按国家有关规定执行；职工个人缴费可以由企业从职工个人工资中代扣。

第八条 企业缴费每年不超过本企业上年度职工工资总额的十二分之一。企业和职工个人缴费合计一般不超过本企业上年度职工工资总额的

六分之一。"

《事业单位职业年金试行办法》（国办发〔2011〕37号）第八条规定："职业年金所需费用由单位和工作人员个人共同负担。单位缴纳职业年金费用的比例最高不超过本单位上年度缴费工资基数的8%。职业年金单位缴费的列支渠道按照国家有关规定执行。个人缴费比例不超过上年度本人缴费工资基数的4%。

职业年金单位缴费工资基数为单位工作人员岗位工资和薪级工资之和，个人缴费工资基数为工作人员本人岗位工资和薪级工资之和。"

根据上述文件规定，政策实务关键点：

1. 企业和事业单位缴付年金部分。

按《企业年金试行办法》和《事业单位职业年金试行办法》等有关政策规定的办法和标准执行，计入个人账户时，个人暂不缴纳个人所得税，具体情况如下：

（1）企业年金：根据《企业年金试行办法》，企业缴费每年不超过本企业上年度职工工资总额的十二分之一，企业和职工个人缴费合计一般不超过本企业上年度职工工资总额的六分之一。在此基础上按照企业年金方案规定比例计算的数额计入个人账户部分。

（2）职业年金：根据《事业单位职业年金试行办法》，单位缴纳职业年金费用的比例最高不超过本单位上年度缴费工资基数的8%。

超过上述标准缴付的单位缴费部分，应并入个人当期的工资、薪金所得，由发放单位代扣代缴个人所得税。

2. 个人缴付部分。

在不超过个人缴费工资计税基数的4%标准内的部分，暂从个人当期的应纳税所得额中扣除。超过规定限额标准缴付的年金个人缴费部分，不得从当期的应纳税所得额扣除，依法计征个人所得税。缴费工资计税基数：

（1）企业年金：上一年度按国家统计局规定列入工资总额统计的项目计算的本人月平均工资。

（2）职业年金：缴费工资计税基数为职工岗位工资和薪级工资之和。

个人缴费工资计税基数不得超过职工工作地所在地区城市上一年度职工月平均工资的300%。

实务中，自然人税收管理系统扣缴客户端会提示最高标准。

3. 工资薪金所得累计预扣法年金扣除。

扣缴义务人向居民个人支付工资、薪金所得时，应当按照累计预扣法计算预扣税款，并按月办理扣缴申报，具体计算公式如下：

本期应预扣预缴税额=（累计预扣预缴应纳税所得额×预扣率－速算扣除数）－累计减免税额－累计已预扣预缴税额

累计预扣预缴应纳税所得额=累计收入－累计免税收入－累计减除费用－累计专项扣除－累计专项附加扣除－累计依法确定的其他扣除

年金属于"依法确定的其他扣除"，计算公式前面也有"累计"，所以说年金在一个纳税年度内，可以每月扣，如果当月没有扣，也可以在一个纳税年度内补扣。

4. 年金基金投资环节收益个人所得税暂不征收。

在年金基金投资环节，年金基金投资运营收益分配计入个人账户时，暂不征收个人所得税。

知识点052：居民个人的综合所得按年度计算缴纳个人所得税

个人所得税法第六条规定："居民个人的综合所得，以每一纳税年度的收入额减除费用六万元以及专项扣除、专项附加扣除和依法确定的其他扣除后的余额，为应纳税所得额。"

个人所得税法第一条规定："纳税年度，自公历一月一日起至十二月三十一日止。"

根据上述文件规定，居民个人的综合所得年度汇算之所以称为"年度"，是指综合所得计算缴纳个人所得税以"纳税年度"为单位，仅限于计算并结清纳税年度的应退或者应补税款，不涉及以前年度，也不涉及以后年度。

知识点053：纳税年度如何理解

个人所得税法第一条规定："纳税年度，自公历一月一日起至十二月三十一日止。"

根据上述文件规定，纳税年度的范围，不是连续12个月，是自公历一月一日起至十二月三十一日止。

【例】某居民个人其孩子2019年8月满3周岁，按规定可以每月享受1 000元的子女教育专项附加扣除，由于2019年8月至12月只有4个月，则不考虑父母分别扣除等其他情况，该居民个人2019年度计算缴纳综合所得个人所得税时，子女教育专项附加扣除4 000元，不是扣除12 000元。

知识点054：如何理解综合所得按纳税年度合并计算个人所得税

第一，年度汇算之所以称为"年度"，是指仅限于计算并结清纳税年度的应退或者应补税款，不涉及以前年度，也不涉及以后年度。

第二，居民个人按照实际取得收入的时间，确定综合所得的所属纳税年度。注意关键词是"取得收入"，通俗地说是收付实现制。

第三，纳税年度的概念，纳税年度自公历 1 月 1 日起至 12 月 31 日止。

要在实务中判断综合所得属于哪个纳税年度，关键把握以下几个概念：

1. 所得所属时期，是指按照权责发生制的工资、薪金所得，劳务报酬所得，稿酬所得，特许权使用费所得的所属期。

2. 发放或支付时期，是指工资实际发放或实际支付劳务报酬所得、稿酬所得，特许权使用费所得期。

3. 税款所属时期，是指纳税人取得应税所得产生纳税义务的时间。国家税务总局公告 2018 年第 61 号公告规定，扣缴义务人向居民个人支付工资、薪金所得，劳务报酬所得，稿酬所得，特许权使用费所得时，应当按照相关规定预扣预缴税款，也就是说支付工资、薪金所得，劳务报酬所得，稿酬所得，特许权使用费所得时，纳税义务即发生，即工资实际发放或支付劳务报酬所得、稿酬所得、特许权使用费所得的日期所属的月份即为税款所属期。

【补充点】国家税务总局总审计师刘丽坚在 2018 年 8 月 31 日下午全国人大常委会办公厅在人民大会堂举行新闻发布会上提示，2018 年 10 月 1 日以后，发放工资的时候，各企业单位财务人员在扣缴个人所得税时一定要记住，别忘了适用 5 000 元新的费用标准和新的税率表，这样可以让员工们享受到改革的红利。

另 2011 年 9 月 1 日个人所得税起征点由 2 000 元提高到 3 500 元时，税务总局在解读中举例称，比如某单位在 8 月份向员工发放工资、薪金并代扣税款，不管发放的是哪个月份的工资、薪金，均应适用旧税法规定的减除费用标准（2 000 元）和税率表。同样，该单位在 9 月份发放工资、薪金并代扣税款，不管发放的是哪个月份的工资、薪金，均应适用新税法规定的减除费用标准（3 500 元）和税率表。

上述两个案例都说明"工资实际发放或支付劳务报酬所得、稿酬所得、特许权使用费所得的日期所属的月份即为税款所属期"。

4. 税款申报时期，根据国家税务总局公告 2018 年第 61 号公告规定，扣缴义务人每月或者每次预扣或代扣的税款，应当在次月十五日内缴入国库。即税款申报时期为税款所属时期次月。

发放或支付时期、税款所属时期和税款申报时期，与所得所属时期无关。

【例】某居民个人发生以下工资薪金所得事项：

（1）2019 年 12 月份工资（所得所属时期），若在 2019 年 12 月份发放（发放或支付时期和税款所属时期），在 2020 年度 1 月份（税款申报期）申报期申报缴纳个人所得税，则属于 2019 年度综合所得，2020 年 3 月 1 日至 6 月 30 日按规定办理 2019 年度汇算清缴给予考虑。

（2）2019 年 12 月份工资（所得所属时期），若在 2020 年 1 月份发放（发放或支付时期和税款所属时期），在 2020 年度 2 月份（税款申报期）申报期申报缴纳个人所得税，则属于 2020 年度综合所得，2021 年 3 月 1 日至 6 月 30 日按规定办理 2020 年度汇算清缴给予考虑。

（3）2020 年 1 月份工资（所得所属时期），若在 2019 年 12 月份发放（发放或支付时期和税款所属时期），在 2020 年度 1 月份（税款申报期）申报期申报缴纳个人所得税，则属于 2019 年度综合所得，2020 年 3 月 1 日至 6 月 30 日按规定办理 2019 年度汇算清缴给予考虑。

（4）若在 2019 年 7 月份补发（发放或支付时期和税款所属时期）2018 年 6 月份工资（所得所属时期），在 2019 年度 8 月份申报期申报缴纳个人所得税，则属于 2019 年度综合所得，2020 年 3 月 1 日至 6 月 30 日按规定办理 2019 年度汇算清缴给予考虑。

【例】居民个人取得 2020 年全年一次性奖金，若单位在 2020 年 12 月份发放，在 2021 年度 1 月份申报期申报缴纳个人所得税，考虑是否并入综合所得计算缴纳个人所得税，涉及2020年度综合所得；若在2021年1月份发放，在2021年度2月份申报期申报缴纳个人所得税，考虑是否并入综合所得计算缴纳个人所得税，涉及2021年度综合所得。

知识点055：居民个人补发工资预扣预缴个人所得税和年度汇算

国家税务总局公告2018年第61号文件规定："扣缴义务人向居民个人支付工资、薪金所得时，应当按照累计预扣法计算预扣税款，并按月办理扣缴申报。"

根据上述文件规定，居民个人在一个纳税年度内补发的工资，由于采用累计预扣法，不影响当年的预扣预缴税额和应纳税额；跨年度补发工资，会影响工资所属纳税年度和补发纳税年度的预扣预缴税额和应纳税额。

【例】某居民个人2020年8月份补发工资3 000元。

1. 若补发2020年3月份工资3 000元。

由于都在2020年度内，工资薪金所得采用累计预扣法预扣预缴个人所得税和综合所得按年度计算缴纳应交个人所得税，所以8月份补发工资合并8月份当月工资按累计预扣预缴法预扣预缴个人所得税，不会影响预扣预缴和年度汇算计算缴纳个人所得税。

2. 若补发2019年9月份工资3 000元。

由于跨纳税年度，且工资薪金所得采用累计预扣法预扣预缴个人所得税和综合所得按年度计算缴纳应交个人所得税，所以2020年8月份补发2019年9月份工资合并2020年8月份当月工资按累计预扣法预扣预收个人所得税，税款所属期不是2019年度而是2020年度，进而会影响2019年度和2020年度预扣预缴，进而影响2019年度和2020年度汇算计算缴纳个人所得税。

【提示点】补发工资和补缴个人所得税是两个不同概念。

1. 补发工资按照补发工资所属年度/月份缴纳个人所得税，不是补发工资的所属期，如上例2020年8月份补发2019年9月份工资3 000元，个人所得税纳税义务发生时间是2020年8月，不是工资所属期2019年9月。

2. 补缴个人所得税，是按照规定前期应该缴纳而未缴纳个人所得税，按规定可能需要缴纳税收滞纳金，如2020年8月份发现2019年9月份发放工资3 000元未缴纳个人所得税，则需要重新计算2019年度的综合所得，按规定补缴个人所得税（也有可能不补缴个人所得税）或者缴纳滞纳金。

知识点056：综合所得可减除的扣除具体项目

个人所得税法第六条规定："居民个人的综合所得，以每一纳税年度的收入额减除费用六万元以及专项扣除、专项附加扣除和依法确定的其他扣除后的余额，为应纳税所得额。"

根据上述文件规定，综合所得年度汇算时，四项综合所得收入汇总后可减除的项目有：

（1）基本减除费用6万元；

（2）专项扣除，包括居民个人按照国家规定的范围和标准缴纳的基本养老保险、基本医疗保险、失业保险等社会保险费和住房公积金等；

（3）专项附加扣除，包括子女教育、继续教育、大病医疗、住房贷款利息或者住房租金、赡养老人等支出；

(4) 依法确定的其他扣除，包括个人缴付符合国家规定的企业年金、职业年金，个人购买符合国家规定的商业健康保险、税收递延型商业养老保险的支出允许扣除的税费（个人取得劳务报酬、稿酬、特许权使用费收入时，发生的合理税费支出），以及国务院规定可以扣除的其他项目。

【提示点】《财政部　税务总局　人力资源社会保障部　中国银行保险监督管理委员会　证监会关于开展个人税收递延型商业养老保险试点的通知》（财税〔2018〕22号）规定："自2018年5月1日起，在上海市、福建省（含厦门市）和苏州工业园区实施个人税收递延型商业养老保险试点。试点期限暂定一年。

取得工资薪金、连续性劳务报酬所得的个人，其缴纳的保费准予在申报扣除当月计算应纳税所得额时予以限额据实扣除，扣除限额按照当月工资薪金、连续性劳务报酬收入的6%和1 000元孰低办法确定。取得个体工商户生产经营所得、对企事业单位的承包承租经营所得的个体工商户业主、个人独资企业投资者、合伙企业自然人合伙人和承包承租经营者，其缴纳的保费准予在申报扣除当年计算应纳税所得额时予以限额据实扣除，扣除限额按照不超过当年应税收入的6%和12 000元孰低办法确定。

个人购买符合规定的商业养老保险产品、享受递延纳税优惠时，以中保信平台出具的税延养老扣除凭证为扣税凭证。

账户资金收益暂不征税。计入个人商业养老资金账户的投资收益，在缴费期间暂不征收个人所得税。"

《财政部 税务总局关于个人取得有关收入适用个人所得税应税所得项目的公告》（财政部　税务总局公告2019年第74号）规定，个人按照规定领取的税收递延型商业养老保险的养老金收入，其中25%部分予以免税，其余75%部分按照10%的比例税率计算缴纳个人所得税，所征税款由"其他所得"项目调整为"工资、薪金所得"项目，税款由保险机构代扣代缴。

（5）个人对教育、扶贫、济困等公益慈善事业捐赠。

需要提醒，专项扣除、专项附加扣除和依法确定的其他扣除，以纳税人一个纳税年度的应纳税所得额为限额，一个纳税年度扣除不完的，不结转以后年度扣除。

知识点 057：如何理解按纳税年度减除费用等扣除项目

居民个人的综合所得计算时费用、扣除按照年度扣除，减除费用六万元以及专项扣除、专项附加扣除和依法确定的其他扣除一个纳税年度扣除不完的，不能结转以后年度扣除。

【例】某居民个人于 2019 年 7 月初大学毕业参加工作，每月工资 10 000 元、个人缴付"三险一金"1 200 元，从 2019 年 7 月开始租房，属于主要工作城市（省会城市）没有自有住房而发生的住房租金支出，住房租金专项附加扣除每月 1 500 元，不考虑其他情况，7～12 月按照累计预扣法计算预扣税款 414 元 [（10 000 − 5 000 − 1 200 − 1 500）× 6 × 3%]。

从一个纳税年度来看，该纳税人仅扣除了 30 000 元减除费用（6 × 5 000 元/月），未充分扣除，该纳税人按规定可扣除的减除费用、专项扣除和专项附加扣除 16 200 元（30 000 − (10 000 − 5 000 − 1 200 − 1 500) × 6），年度汇算足额扣除后，该纳税人应纳税所得额为 0，可申请退税 414 元，另 2019 年度减除费用、专项扣除和专项附加扣除未足额扣除的 16 200 元，不能结转以后年度扣除。

知识点 058：专项扣除的具体内容

个人所得税法第六条规定，"专项扣除，包括居民个人按照国家规定的范围和标准缴纳的基本养老保险、基本医疗保险、失业保险等社会保险费和住房公积金等。"

《企业职工生育保险试行办法》（劳部发〔1994〕504号）第四条规定，"职工个人不缴纳生育保险费。"

《工伤保险条例》（国务院令第375号）第十条规定，"用人单位应当按时缴纳工伤保险费。职工个人不缴纳工伤保险费。"

根据上述文件规定，个人实际负担的"三险一金"（基本养老保险、基本医疗保险、失业保险和住房公积金）可以扣除，生育保险和工伤保险全部是由企业承担，个人不需要缴纳，也就不存在个人所得税税前扣除的问题，即专项扣除是扣除"三险一金"不是扣除"五险一金"。

知识点 059："三险一金"扣除的标准

《财政部 国家税务总局关于基本养老保险费 基本医疗保险费 失业保险费 住房公积金有关个人所得税政策的通知》（财税〔2006〕10号）规定：

"一、企事业单位按照国家或省（自治区、直辖市）人民政府规定的缴费比例或办法实际缴付的基本养老保险费、基本医疗保险费和失业保险费，免征个人所得税；个人按照国家或省（自治区、直辖市）人民政府规定的缴费比例或办法实际缴付的基本养老保险费、基本医疗保险费和失业保险费,允许在个人应纳税所得额中扣除。

企事业单位和个人超过规定的比例和标准缴付的基本养老保险费、基本医疗保险费和失业保险费,应将超过部分并入个人当期的工资、薪金收入,计征个人所得税。

二、根据《住房公积金管理条例》《建设部 财政部 中国人民银行关于住房公积金管理若干具体问题的指导意见》(建金管〔2005〕5号)等规定精神,单位和个人分别在不超过职工本人上一年度月平均工资12%的幅度内,其实际缴存的住房公积金,允许在个人应纳税所得额中扣除。单位和职工个人缴存住房公积金的月平均工资不得超过职工工作地所在设区城市上一年度职工月平均工资的3倍,具体标准按照各地有关规定执行。

单位和个人超过上述规定比例和标准缴付的住房公积金,应将超过部分并入个人当期的工资、薪金收入,计征个人所得税。"

【例】某市月平均工资标准为8 000元(数据一般查询当地住房公积金中心公布最新数据)。按照上述规定,该市公积金个人所得税在税前扣除的金额,无论是单位负担部分还是个人负担部分,上限均为2 880元(即8 000×3×12%)。

该市个人的公积金月缴存额(单位或个人负担)小于或等于2 880元,则每月个人负担部分的公积金缴存额可以在计算个人所得税时全部税前扣除,单位负担部分的公积金月缴存额免缴个人所得税;若大于2 880元,则个人负担部分的公积金抵扣个人所得税上限额即为2 880元,超出部分不能税前扣除;单位负担部分的公积金超过2 880元部分,还需要并入工资薪金所得收入中计算缴纳个人所得税。

该市某居民个人在单位任职受雇,其每月的工资薪金所得收入为20 000元,则:

(1)若单位负担部分和个人负担部分各为2 400元,由于单位缴纳的部分不包含在"工资薪金所得收入为20 000元"之内,且不属于个人负担部分，也就不能在计算缴纳个人所得税时扣除；由于个人缴纳的部分2 400元，没有超过当地住房公积金缴付标准的上限2 880元，且属于个人负担部分，可以全额在计算缴纳个人所得税时扣除。

（2）若单位负担部分和个人负担部分各为3 000元，由于单位缴纳的部分不包含在"工资薪金所得收入为20 000元"之内，且不属于个人负担部分，也就不能在计算缴纳个人所得税时扣除，但是超过当地住房公积金缴付标准的上限2 880元，超过部分120元需要合并到工资薪金所得缴纳个人所得税，不考虑其他情况，该自然人预扣预缴个人所得税和综合所得计算缴纳个人所得税，按照每月的工资薪金所得收入为20 120元；由于个人缴纳的部分3 000元，超过的当地住房公积金缴付标准的上限2 880元，虽然属于个人负担部分，但超过部分120元不能在计算缴纳个人所得税时扣除，计算缴纳个人所得税时只能扣除2 880元。

知识点060：自行缴纳"三险一金"扣除问题

个人所得税法第六条规定："专项扣除，包括居民个人按照国家规定的范围和标准缴纳的基本养老保险、基本医疗保险、失业保险等社会保险费和住房公积金等。"

根据上述文件规定，居民个人在未超过规定的比例和标准之内，缴付的基本养老保险、基本医疗保险、失业保险等社会保险费和住房公积金，可以按规定在计算缴纳综合所得个人所得税时扣除，文件并没有要求必须通过单位缴纳，个人按规定自行缴纳的未超过规定的比例和标准的"三险一金"也可税前扣除，特别是纳税人无任职受雇单位的，但有综合所得，自行缴纳"三险一金"可按规定在计算缴纳综合所得个人所得税时（年度汇算时）扣除。

知识点061：专项附加扣除的概念、内容及关键点

个人所得税法第六条规定："专项附加扣除，包括子女教育、继续教育、大病医疗、住房贷款利息或者住房租金、赡养老人等支出，具体范围、标准和实施步骤由国务院确定，并报全国人民代表大会常务委员会备案。"

1. 理解政策时，需要注意专项附加扣除这个新名词与专项扣除的区别。

（1）专项扣除包括居民个人按照国家规定的范围和标准缴纳的基本养老保险、基本医疗保险、失业保险等社会保险费和住房公积金等；

（2）专项附加扣除，包括子女教育、继续教育、大病医疗、住房贷款利息或者住房租金、赡养老人等支出。

【例】个人所得税法实施条例第二十五条规定，从两处以上取得综合所得，且综合所得年收入额减除专项扣除的余额超过60 000元属于需要办理汇算清缴的情形之一。

上述文件"收入额减除专项扣除的余额"是指减除专项扣除，不是减除专项附加扣除。

知识点062：如何阅读政策、理解政策：专项附加扣除关键点

例如，《国务院关于印发个人所得税专项附加扣除暂行办法的通

知》（国发〔2018〕41号）"第六章 住房租金"第十七条规定："纳税人在主要工作城市没有自有住房而发生的住房租金支出，可以按照以下标准定额扣除：

（一）直辖市、省会（首府）城市、计划单列市以及国务院确定的其他城市，扣除标准为每月1500元；

（二）除第一项所列城市以外，市辖区户籍人口超过100万的城市，扣除标准为每月1 100元；市辖区户籍人口不超过100万的城市，扣除标准为每月800元。"

阅读政策时需要把握规定中的关键词：

（1）上述政策关键词有"发生的住房租金支出"，政策要求必须有房租支出，所以实际情况中，很多企业有员工宿舍，员工住员工宿舍能否扣除住房租金专项附加扣除支出的问题就容易理解：如果个人不付租金，肯定不得扣除；如果本人支付租金，可以按规定扣除。

（2）上述政策关键词有"定额扣除"，政策要求只要满足条件，无论租金多少，都是按照"1 500元/月、1 100元/月或800元/月"标准扣除。如市辖区户籍人口不超过100万的城市，无论房租支出600元/月还是1 300元/月，都是按照800元/月标准扣除。

结合上述两个关键词的理解，员工住企业提供的宿舍，如果个人不付租金，不得扣除，员工即使在主要工作城市没有自有住房，也不可以扣除住房租金专项附加扣除支出。企业即使象征性地收取较少的房租（如房租10元/月），员工在主要工作城市没有自有住房，就可按规定扣除住房租金专项附加扣除支出。

建议我们学习政策时，把握相关政策的关键词、条件及税收名词等要素，去理解、解决实务问题，可以通过国家税务总局官方网站个人所得税专项附加扣除问题的答疑去训练去养成阅读理解政策的习惯。

【例】纳税人父母年龄均超过60周岁，在进行赡养老人扣除时，是否可以按照两倍标准扣除？

答：不能。扣除标准是按照每个纳税人有两位赡养老人测算的。只要父母其中一位达到 60 岁就可以享受扣除，不按照老人人数计算。

——摘自《国家税务总局 12366 纳税服务平台网站个人所得税专项附加扣除 200 问》

政策依据是国发〔2018〕41 号文件的第二十二条，纳税人赡养一位及以上被赡养人的赡养支出，统一按照以下标准定额扣除：

（一）纳税人为独生子女的，按照每月 2 000 元的标准定额扣除；

（二）纳税人为非独生子女的，由其与兄弟姐妹分摊每月 2 000 元的扣除额度，每人分摊的额度不能超过每月 1 000 元。可以由赡养人均摊或者约定分摊，也可以由被赡养人指定分摊。约定或者指定分摊的须签订书面分摊协议，指定分摊优先于约定分摊。具体分摊方式和额度在一个纳税年度内不能变更。

其中政策关键词"一位及以上"，也就是说一位、两位及三位等都是标准定额扣除，不按照老人人数计算，另也说明只要父母其中一位达到 60 岁就可以享受扣除。

知识点 063：专项附加扣除关键点

1. 居民个人的综合所得，以每一纳税年度的收入额减除费用六万元以及专项扣除、专项附加扣除和依法确定的其他扣除后的余额，为应纳税所得额。

——摘自《个人所得税法》第六条

2. 取得经营所得的个人，没有综合所得的，计算其每一纳税年度的应纳税所得额时，应当减除费用 60 000 元、专项扣除、专项附加扣除以及依法确定的其他扣除。专项附加扣除在办理汇算清缴时减除。

——摘自《个人所得税法实施条例》第十五条

3. 居民个人向扣缴义务人提供专项附加扣除信息的，扣缴义务人按月预扣预缴税款时应当按照规定予以扣除，不得拒绝。

——摘自《个人所得税法》第十一条

4. 居民个人取得工资、薪金所得时，可以向扣缴义务人提供专项附加扣除有关信息，由扣缴义务人扣缴税款时减除专项附加扣除。纳税人同时从两处以上取得工资、薪金所得，并由扣缴义务人减除专项附加扣除的，对同一专项附加扣除项目，在一个纳税年度内只能选择从一处取得的所得中减除。

——摘自《个人所得税法实施条例》第二十八条

5. 居民个人取得劳务报酬所得、稿酬所得、特许权使用费所得，应当在汇算清缴时向税务机关提供有关信息，减除专项附加扣除。

——摘自《个人所得税法实施条例》第二十八条

6. 享受子女教育、继续教育、住房贷款利息或者住房租金、赡养老人专项附加扣除的纳税人，自符合条件开始，可以向支付工资、薪金所得的扣缴义务人提供上述专项附加扣除有关信息，由扣缴义务人在预扣预缴税款时，按其在本单位本年可享受的累计扣除额办理扣除；也可以在次年3月1日至6月30日内，向汇缴地主管税务机关办理汇算清缴申报时扣除。

——摘自《国家税务总局关于发布〉个人所得税专项附加扣除操作办法（试行）〉的公告》（国家税务总局公告2018年第60号）

7. 纳税人同时从两处以上取得工资、薪金所得，并由扣缴义务人办理上述专项附加扣除的，对同一专项附加扣除项目，一个纳税年度内，纳税人只能选择从其中一处扣除。

——摘自《国家税务总局关于发布〈个人所得税专项附加扣除操作办法（试行）〉的公告》（国家税务总局公告2018年第60号）

8. 享受大病医疗专项附加扣除的纳税人，由其在次年3月1日至6月30日内，自行向汇缴地主管税务机关办理汇算清缴申报时扣除。

——摘自《国家税务总局关于发布〈个人所得税专项附加扣除操作办法（试行）〉的公告》（国家税务总局公告2018年第60号）

9. 专项扣除、专项附加扣除和依法确定的其他扣除，以居民个人一个纳税年度的应纳税所得额为限额；一个纳税年度扣除不完的，不结转以后年度扣除。

——摘自《个人所得税法实施条例》第十三条

10. 纳税人首次享受专项附加扣除，应当将专项附加扣除相关信息提交扣缴义务人或者税务机关，扣缴义务人应当及时将相关信息报送税务机关，纳税人对所提交信息的真实性、准确性、完整性负责。专项附加扣除信息发生变化的，纳税人应当及时向扣缴义务人或者税务机关提供相关信息。

——摘自《国务院关于印发个人所得税专项附加扣除暂行办法的通知》（国发〔2018〕41号）

11. 居民个人填报专项附加扣除信息存在明显错误，经税务机关通知，居民个人拒不更正或者不说明情况的，税务机关可暂停纳税人享受专项附加扣除。居民个人按规定更正相关信息或者说明情况后，经税务机关确认，居民个人可继续享受专项附加扣除，以前月份未享受扣除的，可按规定追补扣除。

——摘自《财政部 税务总局关于个人所得税年度汇算清缴涉及有关政策问题的公告》（财政部 税务总局公告2019年第94号）第三条

12. 税务部门与有关部门合作，建立个人所得税严重失信当事人联合惩戒机制，对经税务部门依法认定，在个人所得税自行申报、专项附加扣除和享受优惠等过程中存在严重违法失信行为的纳税人和扣缴义务人，向全国信用信息共享平台推送相关信息并建立信用信息数据动态更新机制，依法依规实施联合惩戒。

——摘自《国家发展改革委办公厅 国家税务总局办公厅关于加强个人所得税纳税信用建设的通知》（发改办财金规〔2019〕860号）第三条第二款

知识点064：专项附加扣除途径

1. 由单位按月发工资预扣税款时办理。

除大病医疗以外，对其他五项扣除，纳税人可以选择在单位发放工资薪金时，按月享受专项附加扣除政策。首次享受时，通过填写个人所得税APP或自然人税收管理系统网页版，并报送给任职受雇单位，单位在每个月发放工资时，像"三险一金"一样，为纳税人办理专项附加扣除。

如果同时有两个以上发工资的单位，那么对同一个专项附加扣除项目，在一个纳税年度内，纳税人只能选择从其中的一个单位办理扣除。

2. 自行在年度汇算清缴申报时办理。

一般来讲，有以下情形之一的，纳税人可以选择在次年3月1日至6月30日内，自行向汇缴地主管税务机关办理汇算清缴申报时进行专项附加扣除，税款多退少补：

（1）不愿意通过单位办理扣除，未将相关专项附加扣除信息报送给任职受雇单位的；

（2）没有工资、薪金所得，但有劳务报酬所得、稿酬所得、特许权使用费所得的；

（3）有大病医疗支出项目的；

（4）纳税年度内未享受或未足额享受专项附加扣除等情形。

3. 专项附加扣除补扣的情形。

一个纳税年度内，如果纳税人没有及时将扣除信息报送任职受雇单位，以致在单位预扣预缴工资、薪金所得个人所得税没有享受或没有足额享受扣除的，纳税人可以在当年剩余月份内向单位办理补充扣除，也可以在次年3月1日至6月30日内，向汇缴地主管税务机关办理汇算清缴申报时进行扣除。

知识点065：专项附加扣除具体内容

表17 专项附加扣除具体内容表

专项附加扣除名称	扣除标准 每年	扣除标准 每月	适用范围和条件	享受扣除政策对象	享受环节	纳税人留存备查资料	补充说明
子女教育	/	每个子女1 000元	学前教育：年满3岁至小学入学前 学历教育：义务教育、高中阶段教育、高等教育阶段	对每个子女，父母可以选择双方分别扣除500元，或者双方约定一方扣除1 000元，一经确定一个纳税年度内不能变更	纳税人选择在预扣预缴或年度汇算清缴环节享受	仅子女在境外接受教育，需留存境外学校录取通知书、留学签证等境外教育佐证资料	入学前是指入学的前一月 扣除期间含入学当月，寒暑假以及因病和非主观因素保留学籍的休学
	/	400元	学历教育	接受教育的本人；符合规定条件的本科及以下学历教育，可选择父母或本人扣除	纳税人选择在预扣预缴或年度汇算清缴环节享受	无需留存资料	同一学历教育最长不能超过48个月
继续教育	3 600元	/	技能人员职业资格继续教育、专业技术人员职业资格继续教育	接受教育本人扣除	纳税人选择在预扣预缴或年度汇算清缴环节享受	职业资格相关证书等	取得证书当年一次性扣3 600元

续表

专项附加扣除名称	扣除标准 每年	扣除标准 每月	适用范围和条件	享受扣除政策对象	享受环节	纳税人留存备查资料	补充说明
住房贷款利息	/	1 000元	纳税人本人或者配偶单独或者共同使用个人住房公积金或银行住房贷款为本人或其配偶购买中国境内住房，发生的首套住房贷款利息支出	实际发生首套贷款利息支出的期间，夫妻双方约定由一方扣除；夫妻双方婚前分别购买、婚后协商选择其中一套由购买方继续扣除，也可以由夫妻双方对各自购买的住房分别按标准的50%扣除。一经确定一个纳税年度内不能变更	纳税人选择在预扣预缴或年度汇算清缴环节享受	住房贷款合同、贷款还款支出凭证等资料	首套住房贷款是指购买住房享受首套住房贷款利率的住房贷款。纳税人只能享受一次首套住房贷款利息扣除。扣除期限不能超过240个月
住房租金	/	1 500元	直辖市、省会、计划单列市以及国务院确定的其他城市	纳税人主要工作城市没有自有住房，承租的住房由主要工作城市一方扣除	纳税人选择在预扣预缴或年度汇算清缴环节享受	住房租赁合同、协议等	纳税人及其配偶在一个纳税年度内不能同时分别享受住房贷款利息专项附加扣除。纳税人的配偶在纳税人的主要工作城市有自有住房的，视同纳税人在主要工作城市有自有住房。
	/	1 100元	除第一项所列城市以外，市辖区户籍人口超过100万的城市				
	/	800元	市辖区户籍人口不超过100万的城市				

续表

专项附加扣除名称	扣除标准 每年	扣除标准 每月	适用范围和条件	享受扣除政策对象	享受环节	纳税人留存备查资料	补充说明
赡养老人	/	2 000元	独生子女	被赡养人年满60周岁（被赡养人是指父母以及子女均已去世的祖父母、外祖父母）	纳税人选择在预扣预缴或年度汇算清缴环节享受	无须留存资料	享受起止时间为被赡养人年满60周岁的当月至赡养义务终止的年末。
赡养老人	/	具体分摊金额每人不得超过1 000元	非独生子女			均摊的，无须留存资料；约定或指定分摊的，书面分摊协议等资料	
大病医疗	80 000元限额内据实	/	在医保目录范围内	纳税人发生的医药费用支出可以选择由本人或配偶扣除；未成年子女发生的医药费用可以选择由父母一方扣除	纳税人只能在年度汇算清缴环节享受	医药服务收费及医保报销相关票据原件或者复印件，或医疗保障部门出具的纳税年度医药费用清单等	个人负担累计超过15 000元的部分，在80 000元限额内据实扣除，纳税人及其配偶、未成年子女发生的医药费用支出，按规定分别计算扣除额。

知识点066：子女教育专项附加扣除关键点

纳税人的子女处于学前教育阶段或者接受全日制学历教育的相关支出，按照每个子女每月1 000元的标准定额扣除。

子女教育的扣除主体是子女的法定监护人，包括生父母、继父母、养父母，父母之外的其他人担任未成年人的法定监护人的，比照执行。

1. 政策享受的条件。

如纳税人的子女符合下列情形之一，纳税人和配偶即可以享受子女教育专项附加扣除：

（1）子女年满3周岁以上至小学入学前，此时，不论是否在幼儿园学习；

（2）子女正在接受义务教育（小学、初中教育），高中阶段教育（普通高中、中等职业、技工教育）；

（3）子女正在接受高等教育（大学专科、大学本科、硕士研究生、博士研究生教育）。

上述受教育地点，包括在中国境内和在境外接受全日制学历教育。

【提示点】①无论子女在公办学校或民办学校接受教育，纳税人都可以享受子女教育扣除。

②特殊教育属于九年一贯制义务教育，同时拥有学籍，因此可以按照子女教育扣除。

2. 扣除的标准和方式。

子女教育专项附加扣除采取定额扣除方式。

每个子女，每月可扣除1 000元。如果有多个符合扣除条件的子女，每个子女均可享受扣除。比如，有2个子女，则每月可以扣除2 000元，不限子女的个数，以此类推。

具体由谁来扣除，父母双方可选择确定，假如一个家庭中，子女教育每月有1 000元的扣除额（即只有1个子女），既可以由父母一方全额扣除，也可以父母分别扣除500元。扣除方式确定后，一个纳税年度内不能变更。

有多子女的父母，可以对不同的子女选择不同的扣除方式，如有两个子女符合子女教育专项附加扣除，可对子女甲可以选择由一方按照每月1 000元的标准扣除，对子女乙可以选择由双方分别按照每月500元的标准扣除。

对于存在离异重组等情况的家庭子女而言，由子女父母双方协商决定。一个孩子总额不能超过1 000元/月，扣除人不能超过2个。

3. 政策享受的起止时间。

如果是学前教育，可以享受子女教育专项附加扣除政策的起止时间为：子女年满3周岁的当月至小学入学前一月。

如果是全日制学历教育，则起止时间为子女接受义务教育、高中教育、高等教育的入学当月至教育结束的当月。

【提示点】①享受子女教育专项附加扣除政策起止时间的计算，包含因病或其他非主观原因休学但学籍继续保留的期间，以及施教机构按规定组织实施的寒暑假等假期。

②服兵役是公民的义务，大学期间参军是积极响应国家的号召，休学保留学籍期间，属于高等教育阶段，可以申报扣除子女教育专项附加扣除。

【例】符合条件子女6月高中毕业，9月上大学，7~8月可以享受子女教育扣除，对于连续性的学历（学位）教育，升学衔接期间属于子女教育期间，可以申报扣除子女教育专项附加扣除。

【例】本科毕业之后，准备考研究生的期间，父母不可以扣除子女教育。该生已经本科毕业，未实际参与全日制学历教育，尚未取得研究生学籍，不符合相关规定。研究生考试通过入学后，可以享受高等教育阶段子女教育。

4. 可扣除金额。

子女教育支出可扣除金额 = 每一子女可扣除金额合计（其中，子女不限个数）。

每一子女可扣除金额 = 纳税年度内实际受教育月份数 × 1 000 元 × 扣除比例

5. 子女的范围。

子女，是指婚生子女、非婚生子女、继子女、养子女。父母之外的其他人担任未成年人的监护人的，比照相关规定执行。

一般情况下，父母负有抚养和教育未成年子女的义务，可依法享受子女教育扣除；对情况特殊、未由父母抚养和教育的未成年子女，相应的义务会转移到其法定监护人身上。因此，未成年孩子的法定监护人，对其负有抚养和教育的义务，也可以依法申报享受子女教育扣除。

6. 备查资料。

纳税人子女在境内接受教育的，享受子女教育专项扣除不需留存任何资料。纳税人子女在境外接受教育的，应当留存境外学校录取通知书、留学签证等相关教育的证明资料备查。

知识点 067：继续教育专项附加扣除关键点

纳税人在中国境内接受学历（学位）继续教育的支出，在学历（学位）教育期间按照每月 400 元定额扣除。同一学历（学位）继续教育的扣除期限不能超过 48 个月。纳税人接受技能人员职业资格继续教育、专业技术人员职业资格继续教育的支出，在取得相关证书的当年，按照 3 600 元定额扣除。

1. 政策享受的条件。

在中国境内接受的继续教育，符合下列情形之一的，就可以享受继续教育专项附加扣除政策：

（1）接受学历（学位）继续教育；

（2）在纳税年度内取得了技能人员或专业技术人员的职业资格证书。

技能人员和专业技术人员职业资格证书的具体范围，以人力资源社会保障部公布的国家职业资格目录为准。在此范围外的继续教育支出，不在扣除范围内，比如花艺等兴趣培训不在扣除范围内。

【提示点】纳税人在中国境内接受的学历（学位）继续教育支出，以及接受技能人员职业资格继续教育、专业技术人员职业资格继续教育支出可以扣除。因此在国外接受的学历继续教育和国外颁发的技能证书，不符合"中国境内"的规定，不能享受专项附加扣除政策。

2. 扣除的标准和方式。

继续教育专项附加扣除采取定额扣除方式。

纳税人接受的是学历（学位）继续教育，则每月可以扣除400元；

纳税人接受的是职业资格继续教育，则在取得相关证书的当年，按年扣除3 600元。

由于接受继续教育的纳税人一般都已经就业，因此，继续教育专项附加扣除一般由本人扣除。但有一个例外，个人接受本科及以下学历（学位）继续教育，符合本办法规定扣除条件的，可以选择由其父母扣除，也可以选择由本人扣除。

【提示点】①学历（学位）继续教育与职业资格继续教育可以同时享受

②多个学历（学位）继续教育不可同时享受，多个职业资格继续教育不可同时享受。

③对同时接受多个学历继续教育，或者同时取得多个职业资格证书的，申报时只需填报其中一个即可。但如果同时存在学历继续教育、职业资格继续教育两类继续教育情形，则每一类都要填写。

【例】某居民个人在2020年正在读在职MBA，2020年8月和12月分别拿到两个专业技术人员职业资格证书，2020年可以享受的继续教育扣除金额如下：

在一个纳税年度内，一个纳税人最多享受一项学历（学位）继续教育支出扣除和一项职业资格继续教育扣除，继续教育支出最多扣除8 400元/年（3 600元/年+4 800元/年），多个学历（学位）继续教育不可同时享受，多个职业资格继续教育也不可同时享受。

3. 政策享受的起止时间。

纳税人接受的是学历（学位）继续教育，可享受扣除的起止时间为：学历（学位）继续教育入学的当月至学历（学位）继续教育结束的当月；但同一学历（学位）继续教育的扣除期限最长不能超过48个月，其中48个月包括纳税人因病、因故等原因休学且学籍继续保留的休学期间，以及施教机构按规定组织实施的寒暑假期连续计算。

【提示点】①学历（学位）教育，凭学籍信息扣除，不考察最终是否取得证书，最长也是扣除48个月。

②参加自学考试的纳税人，按照《高等教育自学考试暂行条例》的有关规定，高等教育自学考试应考者取得一门课程的单科合格证书后，省考委即应为其建立考籍管理档案。具有考籍管理档案的考生，可以按照相关规定，享受继续教育专项附加扣除。

③纳税人参加夜大、函授、现代远程教育、广播电视大学等教育，所读学校为其建立学籍档案的，可以享受学历（学位）继续教育扣除。

④纳税人接受学历（学位）继续教育扣除了48个月后，换一个新的专业学习，可以重新按第二次参加学历（学位）继续教育扣除，还可以继续扣除48个月。

纳税人接受的是职业资格继续教育，则以职业资格继续教育相关证书上载明的发证（或批准）日期的所属年度，为可扣除年度。

⑤专项附加扣除政策从2019年1月1日开始实施，是在此之后取得的职业资格继续教育证书才能税前扣除。

4. 可扣除金额。

纳税人在中国境内接受学历（学位）继续教育的支出，在学历（学位）教育期间按照每月 400 元定额扣除。

继续教育支出可扣除金额 = 学历（学位）继续教育可扣除金额 + 职业资格继续教育可扣除金额

（1）学历（学位）继续教育。

学历（学位）继续教育可扣除金额 = 纳税年度内实际受教育月份数 × 400 元

实际受教育月份数包括受教育月份、寒暑假休假月份等，但同一学历（学位）教育扣除期限不能超过 48 个月。

（2）职业资格继续教育、专业技术人员职业资格继续教育。

职业资格继续教育可扣除金额为 3 600 元，在一个纳税年度中取得多个技能人员职业资格证书，也按照 3 600 元的定额扣除。

5. 需留存备查的资料。

接受技能人员、专业技术人员职业资格继续教育，需要留存职业资格证书等相关资料，积极配合税务机关查验。

知识点 068：住房贷款利息专项附加扣除关键点

纳税人本人或者配偶单独或者共同使用商业银行或者住房公积金个人住房贷款为本人或者其配偶购买中国境内住房，发生的首套住房贷款利息支出，在实际发生贷款利息的年度，按照每月 1 000 元的标准定额扣除，扣除期限最长不超过 240 个月。纳税人只能享受一次首套住房贷款的利息扣除。

1. 政策享受的条件。

纳税人本人或者配偶，单独或者共同使用商业银行或住房公积金个人住房贷款，为自己或配偶购买中国境内住房，发生的首套住房贷款利息支出允许扣除。其中，首套住房贷款，是指购买住房享受首套或首次贷款利率的住房贷款。

【提示点】①纳税人难以确定自己自有的住房贷款是否符合扣除条件，可以通过查阅贷款合同（协议），或者向办理贷款的银行、住房公积金中心咨询等方式确认。

例如，纳税人首套房的贷款还清后，贷款购买第二套房屋时，银行仍旧按照首套房贷款利率发放贷款，根据相关规定，如纳税人此前未享受过住房贷款利息扣除，那么其按照首套住房贷款利率贷款购买的第二套住房，可以享受住房贷款利息扣除。

再如，纳税人公积金和商贷的组合住房贷款，公积金中心按首套贷款利率发放，商业银行贷款按普通商业银行贷款利率发放，如公积金中心或者商业银行其中之一，是按照首套房屋贷款利率发放的贷款，则可以享受住房贷款利息扣除。

②纳税人及其配偶在一个纳税年度内不能同时分别享受住房贷款利息和住房租金专项附加扣除。

③父母和子女共同购买一套房子，不能既由父母扣除，又由子女扣除，应该由主贷款人扣除。如主贷款人为子女的，由子女享受贷款利息专项附加扣除；主贷款人为父母中一方的，由父母任一方享受贷款利息扣除。

2. 扣除的标准和方式。

住房贷款利息专项附加扣除采取定额扣除方式。

住房贷款利息支出，在实际发生贷款利息支出期间，按照每月1 000元的标准扣除，扣除期限最长不超过240个月。具体由谁来扣除，夫妻双方可以约定，可以选择由其中一方扣除。但扣除方式确定后，一个纳税年度内不能再变更。

3. 政策享受的起止时间。

住房贷款利息支出，享受扣除政策的起止时间为：贷款合同约定开始还款的当月至贷款全部归还或贷款合同终止的当月，但扣除期限最长不得超过240个月。

【例】纳税人刚办理房贷期限是30年，现在扣完子女教育和赡养老人就不用缴税了，因住房贷款利息支出扣除实际可扣除时间为贷款合同约定开始还款的当月至贷款全部归还或贷款合同终止的当月，且扣除期限最长不得超过240个月。居民个人就可在不超过240个月以内，根据个人情况办理符合条件的住房贷款利息扣除，通俗地说，上述情形该居民个人可以选择不在贷款合同约定开始还款的当月扣除。

4. 扣除金额。

住房贷款利息支出可扣除金额＝符合条件的扣除月份数×扣除定额

符合条件的扣除月份数为实际贷款月份数。

扣除定额：正常情况下，由夫妻双方协商确定，由其中1人扣除1 000元/月；婚前各自购房，婚后可选择由其中1人扣除1 000元/月，也可以选择各自扣除500元/月。

【例】徐先生和刘小姐在婚前各自购买了一套住房，都享受了首套住房贷款利率且都享受了住房贷款利息专项附加扣除，结婚后，徐先生和刘小姐可以有多种选择：

第一，选择徐先生购买的住房由徐先生扣除1 000元；

第二，选择刘小姐购买的住房由刘小姐扣除1 000元；

第三，徐先生和刘小姐对各自购买的住房分别扣除500元。

具体扣除方式在一个年度内不得变更。

5. 需留存备查的资料。

享受住房贷款利息专项附加扣除政策，纳税人需要保存好住房贷款合同、贷款还款支出凭证等资料，积极配合税务机关查验。

知识点 069：住房租金专项附加扣除关键点

纳税人在主要工作城市没有自有住房而发生的住房租金支出，可以按照以下标准定额扣除：

（1）直辖市、省会（首府）城市、计划单列市以及国务院确定的其他城市，扣除标准为每月 1 500 元；

（2）除第一项所列城市以外，市辖区户籍人口超过 100 万的城市，扣除标准为每月 1 100 元；市辖区户籍人口不超过 100 万的城市，扣除标准为每月 800 元。

纳税人的配偶在纳税人的主要工作城市有自有住房的，视同纳税人在主要工作城市有自有住房。

1. 政策享受的条件。

如果纳税人在主要工作城市租了住房，同时符合以下条件，就可以享受住房租金专项附加扣除政策。

（1）所租房屋的纳税人以及其配偶在主要工作的城市没有自有住房；

（2）纳税人及其配偶在同一纳税年度内，均没有享受住房贷款利息专项附加扣除政策。也就是说，住房贷款利息与住房租金两项扣除政策只能享受其中一项，不能同时享受。

【提示点】①主要工作城市是指纳税人任职受雇的直辖市、计划单列市、副省级城市、地级市（地区、州、盟）全部行政区域范围。无任职受雇单位的，为年度汇算清缴地的税务机关所在城市。

②住房租金支出由签订租赁合同的承租人扣除。因此，合租租房的个人（非夫妻关系），若都与出租方签署了规范租房合同，可根据租金定额标准各自扣除。

③员工住单位提供的员工宿舍，如果个人不付租金，不得扣除。如果本人支付租金，可以扣除。

④纳税人在主要工作城市没有自有住房而发生的住房租金支出，可以按照标准定额扣除。员工租用公司与保障房公司签订的保障房（如公租房等），并支付租金的，可以申报扣除住房租金专项附加扣除。

⑤符合条件的纳税人在主要工作地租房的支出可以享受住房租金扣除。主要工作地指的是纳税人的任职受雇所在地，如果任职受雇所在地与实际工作地不符的，以实际工作地为主要工作城市。如纳税人公司所在地为保定，被派往分公司北京工作，纳税人及其配偶在北京都没有住房，由于工作原因在北京租房，纳税人当前的实际工作地（主要工作地）是北京市，应当按照北京市的标准享受住房租金扣除。

2. 扣除的标准。

住房租金专项附加扣除采取定额扣除方式。

按纳税人租房的城市不同，分三档扣除标准：

（1）如果是直辖市、省会（首府）城市、计划单列市以及国务院确定的其他城市，每月扣除1 500元；

（2）除上述（1）外的、市辖区户籍人口超过100万人的城市，则每月扣除1 100元；

（3）除（1）外的、如果市辖区户籍人口不超过100万人（含）的城市，则每月扣除800元。

这里市辖区的户籍人口，以国家统计局公布的数据为准。

【提示点】扣除标准按照主要工作地的标准，例如主要工作地在北京，在燕郊租房居住，应当按北京的标准享受住房租金扣除。

3. 扣除方式。

住房租金支出，具体由谁来扣除，需要有所区分。

如果纳税人及其配偶主要工作城市相同的，只能由一方申请扣除，并且是签订租赁住房合同的承租人来扣除；如果纳税人和其配偶主要工作城市不相同的，且双方均在两地没有购买住房的，则可以按照规定的标准分别进行扣除。

【例】高小姐和赵先生是夫妻，已在江西省南昌市购买了一套住宅，房贷已付清。目前，高小姐在广州市工作，租住一套房，租金2 000元。赵先生在佛山市工作，租住一套房，租金1 080元。

因为高小姐和赵先生在各自主要工作的城市都没有自有住房，且都没有享受住房贷款利息专项附加扣除政策，因此，高小姐和赵先生都可以享受住房租金扣除政策。广州是省会城市，因此高小姐可以扣除的住房租金支出标准是1 500元。佛山市属于市辖区户籍人口超过100万人的城市，因此赵先生可以扣除的住房租金支出标准是1 100元。

4. 政策享受的起止时间。

享受住房租金专项附加扣除政策的开始时间为，租赁合同（协议）约定的房屋租赁期开始的当月；截止日期为租赁期结束的当月或者在主要工作城市已有住房，若提前终止合同（协议）的，扣除停止时间为实际租赁行为终止的当月。

【提示点】纳税人年度中间月份更换租赁住房、存在租赁期有交叉情形的，纳税人在填写租赁日期时应当避免日期有交叉。如果此前已经填报过住房租赁信息的，只能填写新增租赁信息，且必须晚于上次已填报的住房租赁期止所属月份。

【例】对于为外派员工解决住宿问题的，由于没有房租支出，不应扣除住房租金。对于外派员工自行解决租房问题的，对于一年内多次变换工作地点的，个人应及时向扣缴义务人或者税务机关更新专项附加扣除相关信息，允许一年内按照更换工作地点的情况分别进行扣除。

5. 可扣除金额。

住房租金支出可扣除金额 = 租房月份的月扣除定额之和

月扣除定额：直辖市、省会（首府）城市、计划单列市以及国务院确定的其他城市，扣除标准为1 500元/月；市辖区户籍人口超过100万的城市，扣除标准为1 100元/月；市辖区户籍人口不超过100万的城市，扣除标准为800元/月。

6. 需留存备查的资料。

纳税人申请享受住房租金专项附加扣除政策，需要妥善保管好住房租赁合同或协议等资料，积极配合税务机关查验。

知识点070：赡养老人专项附加扣除关键点

纳税人赡养一位及以上被赡养人的赡养支出，统一按照以下标准定额扣除：

（1）纳税人为独生子女的，按照每月2 000元的标准定额扣除；

（2）纳税人为非独生子女的，由其与兄弟姐妹分摊每月2 000元的扣除额度，每人分摊的额度不能超过每月1 000元。可以由赡养人均摊或者约定分摊，也可以由被赡养人指定分摊。约定或者指定分摊的须签订书面分摊协议，指定分摊优先于约定分摊。具体分摊方式和额度在一个纳税年度内不能变更。

1. 政策享受的条件。

如果纳税人赡养的老人年满60周岁（含），即可享受赡养老人专项附加扣除。

这里的老人，包括生父母、继父母、养父母以及子女均已去世的祖父母、外祖父母，如纳税人的叔叔、伯伯无子女，纳税人实际承担对叔叔、伯伯的赡养义务，不可以扣除赡养老人支出。

【提示点】被赡养人是指年满60岁的父母，以及子女均已去世的年满60岁的祖父母、外祖父母，赡养岳父岳母或公婆的费用不可以享受个人所得税附加扣除。

2. 扣除的标准和方式。

赡养老人专项附加扣除采取定额扣除方式。

如果纳税人是独生子女，则每月扣除2 000元。如果纳税人不是独生子女，则需与兄弟姐妹分摊每月 2 000 元的扣除额度，但每人每月最多扣除不能超过 1 000 元；具体分摊时，可兄弟姐妹平均分摊，也可以约定分摊或由老人指定分摊。其中，约定或指定分摊的，需要纳税人和兄弟姐妹签分摊协议留存备查。具体分摊方式和额度确定后，一个纳税年度内不能变更。

【提示点】关于独生子女实务中的判断。

（1）对于独生子女家庭，父母离异后重新组建家庭，在新组建的两个家庭中，只要父母中一方没有纳税人以外的其他子女进行赡养，则纳税人可以按照独生子女标准享受每月 2 000 元赡养老人专项附加扣除。除上述情形外，不能按照独生子女享受扣除。

（2）双胞胎不可以按照独生子女享受赡养老人扣除。双胞胎兄弟姐妹需要共同赡养父母，双胞胎中任何一方都不是父母的唯一赡养人，因此每个子女不能独自享受 2 000 元的扣除额度。

（3）生父母有两个子女，将其中一个过继给养父母，养父母家没有其他子女，被过继的子女，在新家庭中属于独生子女。留在原家庭的孩子，如没有兄弟姐妹与其一起承担赡养生父母的义务，也可以按照独生子女标准享受扣除。

（4）非独生子女的兄弟姐妹都已去世，一个纳税年度内，如纳税人的其他兄弟姐妹均已去世，其可在第二年按照独生子女赡养老人标准 2 000 元/月扣除。如纳税人的兄弟姐妹在 2019 年 1 月 1 日以前均已去世，则可以选择按"独生子女"身份享受赡养老人扣除标准。

（5）赡养子女均已去世的年满 60 岁的祖父母、外祖父母，只要祖父母、外祖父母中的任何一方，没有纳税人以外的其他孙子女、外孙子女共同赡养，则纳税人可以按照独生子女扣除。如果还有其他孙子女、外孙子女与纳税人共同赡养祖父母、外祖父母，则纳税人不能按照独生子女扣除。

（6）两个子女中的一个无赡养父母的能力，不可以由余下那名子女享受 2 000 元扣除标准，按规定纳税人为非独生子女的，在兄弟姐妹之间分摊 2 000 元/月的扣除额度，每人分摊的额度不能超过每月 1 000 元，不能由其中一人单独享受全部扣除。

【提示点】只要父母其中一位达到 60 岁就可以享受扣除，不按照老人人数计算。纳税人父母年龄均超过 60 周岁，在进行赡养老人扣除时，也是按照"纳税人是独生子女，则每月扣除 2 000 元；纳税人不是独生子女，则需与兄弟姐妹分摊每月 2 000 元的扣除额度"的标准扣除。

【提示点】纳税人为非独生子女的，由其与兄弟姐妹分摊每月 2 000 元的扣除额度，每人分摊的额度不能超过每月 1 000 元。因此，非独生子女是不能通过父母指定或兄弟协商享受 2 000 元扣除标准的。

3. 政策享受的起止时间。

享受赡养老人专项附加扣除政策的起止时间为，被赡养人年满 60 周岁的当月至赡养义务终止的年末。

【提示点】截止时间是赡养义务终止的年末，不是赡养义务终止当月。

4. 可扣除金额。

赡养老人支出可扣除金额 = 符合条件的月份数 × 月扣除定额

其中：符合条件的月份数，是指纳税年度内满 60 岁的老人，自满 60 岁月份起至 12 月份计算；纳税年度前满 60 岁的老人，按照 12 个月计算。

月扣除定额，是指独生子女，月扣除定额 2000 元/月；非独生子女，月扣除定额由被赡养人指定分摊，也可由赡养人均摊或约定分摊，但每月不超过 1 000 元/月。

5. 需留存备查的资料。

如果纳税人是非独生子女，并且采取了约定分摊或者指定分摊的扣除方式，则需要注意留存好相关书面协议等资料，积极配合税务机关查验，其他情况不需要留存备查的资料。

知识点071：大病医疗专项附加扣除关键点

在一个纳税年度内，纳税人发生的与基本医保相关的医药费用支出，扣除医保报销后个人负担（指医保目录范围内的自付部分）累计超过15 000元的部分，由纳税人在办理年度汇算清缴时，在80 000元限额内据实扣除。

1. 政策享受的条件。

在一个纳税年度内，纳税人本人，或者其配偶，或者其未成年子女，发生的与基本医保相关的医药费用支出，扣除医保报销后个人负担（指医保目录范围内的自付部分）累计有超过15 000元的情况。

目前未将纳税人父母纳入大病医疗扣除范围。

【提示点】对于纳入医疗保障结算系统的私立医院，只要纳税人看病的支出在医保系统可以体现和归集，则纳税人发生的与基本医保相关的支出，可以按照规定享受大病医疗扣除；如果在国外看病的支出，未在医保系统可以体现和归集，不可以享受大病医疗扣除。

2. 扣除的标准和方式。

大病医疗的扣除，只能在年度汇算清缴申报时进行扣除。就个人负担超过15 000元的部分，限额据实扣除，最多可以扣除80 000元。

具体扣除时，纳税人或配偶发生的大病医疗支出，既可以由纳税人本人扣除，也可以由配偶扣除。对未成年子女发生的大病医疗支出，可以由父母双方选择在其中一方扣除。

【提示点】纳税人及其配偶、未成年子女发生的医药费用支出，可按规定分别计算扣除额。例如，夫妻两人同时有符合条件的大病医疗支出，可以选择都在男方扣除，扣除限额分别计算，每人最高扣除限额为80 000元，合计最高扣除限额为160 000元。

3. 政策享受的时间。

大病医疗专项附加扣除政策按年享受，具体时间为，医疗保障信息系统记录的医药费用实际支出的当年，即以医疗费用结算单上的结算时间为准，可以通过医疗保障部门的医疗保障管理信息系统查询本人上一年度医药费用情况。

纳税人需要在一个纳税年度终了后，在次年汇算清缴时办理扣除。

【提示点】明确"其他信息"栏项目信息。

《财政部 国家卫生健康委 国家医疗保障局关于全面推行医疗收费电子票据管理改革的通知》（财综〔2019〕29号）"二、规范全国统一医疗收费票据填列"规定，其中"其他信息"栏项目信息的"个人自付"栏：患者本次就医所发生的医疗费用中由个人负担的属于基本医疗保险目录范围内自付部分的金额；开展按病种、病组、床日等打包付费方式且由患者定额付费的费用。该项为个人所得税大病医疗专项附加扣除信息项。医疗收费票据"其他信息"栏填列如图4至图7所示。

（1）医疗门诊收费票据（电子），如图4所示。

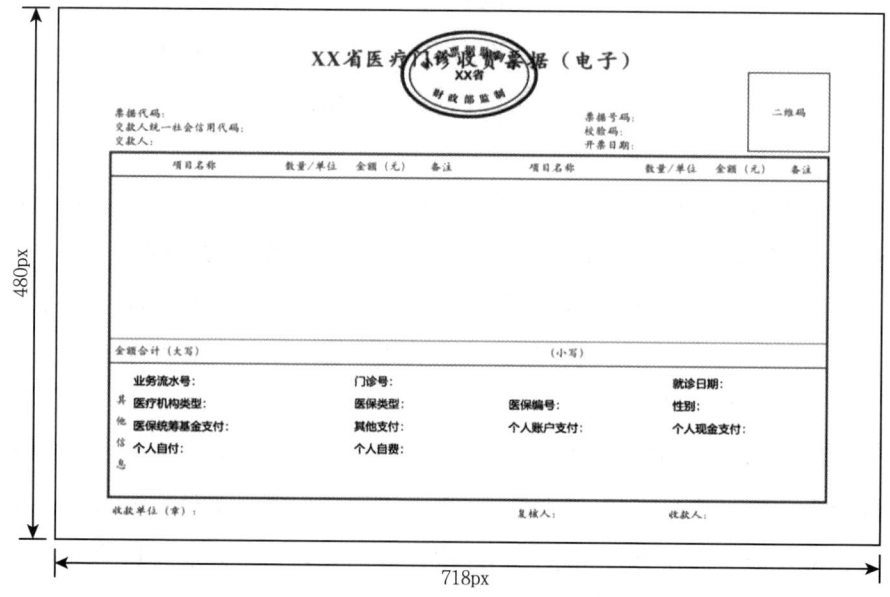

图4　医疗门诊收费票据（电子）

(2) 医疗住院收费票据（电子），如图 5 所示。

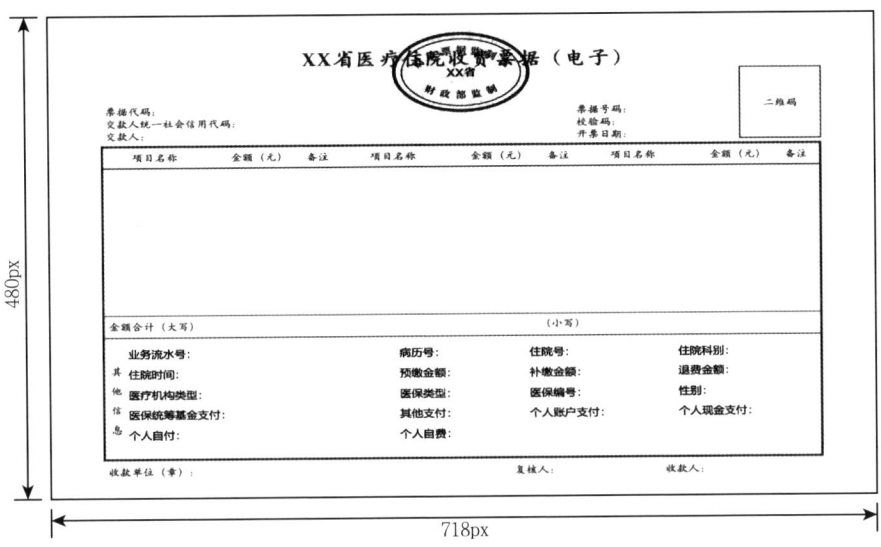

图 5　医疗住院收费票据（电子）

(3) 医疗门诊收费票据（机打），如图 6 所示。

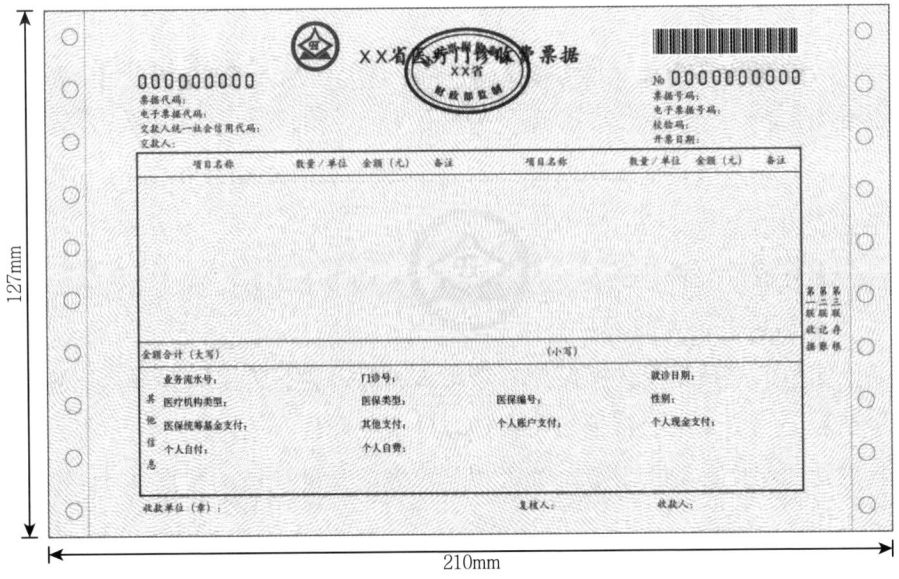

图 6　医疗门诊收费票据（机打）

(4) 医疗住院收费票据（机打），如图7所示。

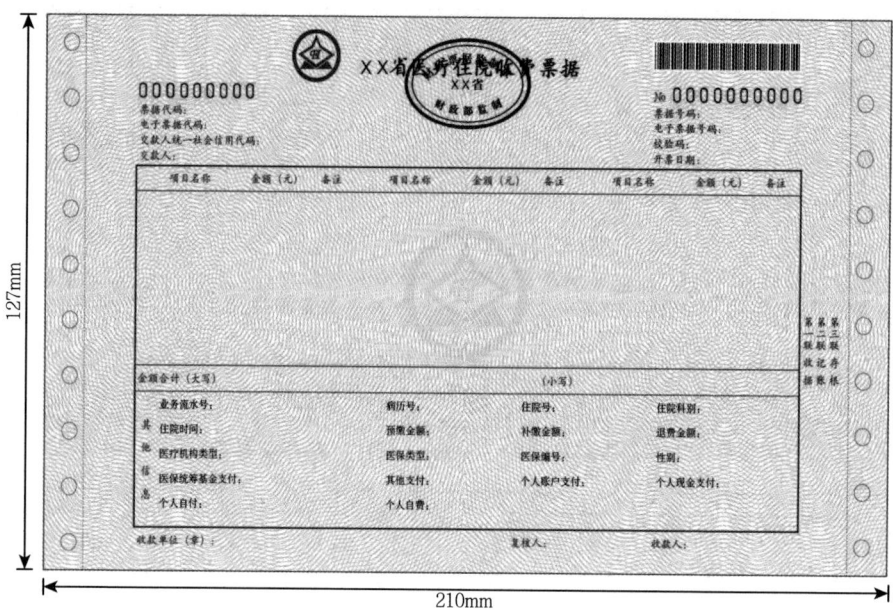

图7 医疗住院收费票据（机打）

4. 可扣除金额。

大病医疗支出可扣除金额 = 每一家庭成员的大病医疗可扣除金额合计

某一家庭成员的大病医疗可扣除金额（不超过80 000元）= 医保目录范围内的自付部分 - 15 000元

家庭成员包括纳税人本人、配偶、未成年子女。

5. 需留存备查的资料。

纳税人申请享受大病医疗专项附加扣除政策，需要留存好大病患者医药服务收费及医保报销相关票据原件或复印件，或者医疗保障部门出具的纳税年度医药费用清单等资料，积极配合税务机关查验。

知识点 072：外籍个人住房补贴与专项附加扣除的关系

《财政部 国家税务总局关于个人所得税若干政策问题的通知》（财税字〔1994〕20号）规定："下列所得，暂免征收个人所得税：

（一）外籍个人以非现金形式或实报实销形式取得的住房补贴、伙食补贴、搬迁费、洗衣费。

（二）外籍个人按合理标准取得的境内、外出差补贴。

（三）外籍个人取得的探亲费、语言训练费、子女教育费等，经当地税务机关审核批准为合理的部分。"

《国家税务总局关于外籍个人取得有关补贴征免个人所得税执行问题的通知》（国税发〔1997〕54号）规定：

"一、对外籍个人以非现金形式或实报实销形式取得的合理的住房补贴、伙食补贴和洗衣费免征个人所得税，应由纳税人在初次取得上述补贴或上述补贴数额、支付方式发生变化的月份的次月进行工资薪金所得纳税申报时，向主管税务机关提供上述补贴的有效凭证，由主管税务机关核准确认免税。

二、对外籍个人因到中国任职或离职，以实报实销形式取得的搬迁收入免征个人所得税，应由纳税人提供有效凭证，由主管税务机关审核认定，就其合理的部分免税。外商投资企业和外国企业在中国境内的机构、场所，以搬迁费名义每月或定期向其外籍雇员支付的费用，应计入工资薪金所得征收个人所得税。

三、对外籍个人按合理标准取得的境内、外出差补贴免征个人所得税，应由纳税人提供出差的交通费、住宿费凭证（复印件）或企业安排出差的有关计划，由主管税务机关确认免税。

四、对外籍个人取得的探亲费免征个人所得税，应由纳税人提供探亲的交通支出凭证（复印件），由主管税务机关审核，对其实际用于本人探亲，且每年探亲的次数和支付的标准合理的部分给予免税。

五、对外籍个人取得的语言培训费和子女教育费补贴免征个人所得税，应由纳税人提供在中国境内接受上述教育的支出凭证和期限证明材料，由主管税务机关审核，对其在中国境内接受语言培训以及子女在中国境内接受教育取得的语言培训费和子女教育费补贴，且在合理数额内的部分免予纳税。"

《国家税务总局关于外籍个人取得的探亲费免征个人所得税有关执行标准问题的通知》（国税函〔2001〕336号）规定："可以享受免征个人所得税优惠待遇的探亲费，仅限于外籍个人在我国的受雇地与其家庭所在地（包括配偶或父母居住地）之间搭乘交通工具且每年不超过2次的费用。"

《财政部 国家税务总局关于外籍个人取得港澳地区住房等补贴征免个人所得税的通知》（财税〔2004〕29号）规定："一、受雇于我国境内企业的外籍个人（不包括香港澳门居民个人），因家庭等原因居住在香港、澳门，每个工作日往返于内地与香港、澳门等地区，由此境内企业（包括其关联企业）给予在香港或澳门住房、伙食、洗衣、搬迁等非现金形式或实报实销形式的补贴，凡能提供有效凭证的，经主管税务机关审核确认后，可以依照《财政部 国家税务总局关于个人所得税若干政策问题的通知》〔(94)财税字第20号〕第二条以及《国家税务总局关于外籍个人取得有关补贴征免个人所得税执行问题的通知》（国税发〔1997〕54号）第一条、第二条的规定，免予征收个人所得税。

二、第一条所述外籍个人就其在香港或澳门进行语言培训、子女教育而取得的费用补贴，凡能提供有效支出凭证等材料的，经主管税务机关审核确认为合理的部分，可以依照上述(94)财税字第20号通知第二条以及国税发〔1997〕54号通知第五条的规定，免予征收个人所得税。"

《国家税务总局关于取消及下放外商投资企业和外国企业以及外籍个人若干税务行政审批项目的后续管理问题的通知》(国税发〔2004〕80号)规定:"取消外籍个人住房、伙食等补贴免征个人所得税审批的后续管理。根据《财政部、国家税务总局关于个人所得税若干政策问题的通知》(财税字〔1994〕20号)第二条、《国家税务总局关于外籍个人取得有关补贴征免个人所得税执行问题的批复》(国税发〔1997〕54号)的规定,外籍个人以非现金或实报实销形式取得的住房补贴、伙食补贴、洗衣费、搬迁费、出差补贴、探亲费、语言训练费、子女教育费等补贴,由纳税人提供有关凭证,主管税务机关核准后给予免征个人所得税。取消上述核准后,外籍个人取得上述补贴收入,在申报缴纳或代扣代缴个人所得税时,应按国税发〔1997〕54号的规定提供有关有效凭证及证明资料。主管税务机关应按照国税发〔1997〕54号的要求,就纳税人或代扣代缴义务人申报的有关补贴收入逐项审核。对其中有关凭证及证明资料,不能证明其上述免税补贴的合理性的,主管税务机关应要求纳税人或代扣代缴义务人在限定的时间内,重新提供证明材料。凡未能提供有效凭证及证明资料的补贴收入,主管税务机关有权给予纳税调整。"

《财政部 税务总局关于个人所得税法修改后有关优惠政策衔接问题的通知》(财税〔2018〕164号)规定,2019年1月1日至2021年12月31日期间,外籍个人符合居民个人条件的,可以选择享受个人所得税专项附加扣除,也可以选择享受住房补贴、语言训练费、子女教育费等津补贴免税优惠政策,但不得同时享受。外籍个人一经选择,在一个纳税年度内不得变更。

自2022年1月1日起,外籍个人不再享受住房补贴、语言训练费、子女教育费津补贴免税优惠政策,应按规定享受专项附加扣除。

根据上述文件规定,政策实务关键点:

1. 外籍个人取得的下列所得,在申报缴纳或其扣缴义务人代扣代缴个人所得税时,按规定提供有关有效凭证及证明资料,暂免征收个人所得税：

（1）外籍个人以非现金形式或实报实销形式取得的住房补贴、伙食补贴、搬迁费、洗衣费。

（2）外籍个人按合理标准取得的境内、外出差补贴。

（3）外籍个人取得的探亲费、语言训练费、子女教育费等合理的部分。

可以享受免征个人所得税优惠待遇的探亲费，仅限于外籍个人在我国的受雇地与其家庭所在地（包括配偶或父母居住地）之间搭乘交通工具且每年不超过2次的费用。

纳税人需要提供在中国境内接受语言培训以及子女在中国境内接受教育取得的语言培训费和子女费教育费补贴，且在合理数额内的部分免予纳税。

【提示点】受雇于我国境内企业的外籍个人（不包括香港澳门居民个人），因家庭等原因居住在香港、澳门，每个工作日往返于内地与香港、澳门等地区，由此境内企业（包括其关联企业）给予在香港或澳门住房、伙食、洗衣、搬迁等非现金形式或实报实销形式的补贴，凡能提供有效凭证的，可以依照相关规定，免予征收个人所得税。

上述外籍个人就其在香港或澳门进行语言培训、子女教育而取得的费用补贴，凡能提供有效支出凭证等材料的，经主管税务机关确认为合理的部分，可以依照相关规定，免予征收个人所得税。

2. 外籍个人中的居民个人。

外籍个人的住房补贴、语言训练费、子女教育费等，2019年1月1日至2021年12月31日期间，可以选择免征个人所得税的优惠政策；自2022年1月1日起，外籍个人不再享受住房补贴、语言训练费、子女教育费津补贴免税优惠政策，应按规定享受专项附加扣除。

【提示点】①其中仅住房补贴、语言训练费、子女教育费等三项津补贴，与专项附加扣除中的子女教育、继续教育、住房贷款利息或住房租金三项相对应。其他的"伙食补贴、搬迁费、洗衣费，按合理标准取得的境内、外出差补贴，探亲费"等，仍按免税优惠政策规定执行。

②外籍个人中的非居民个人，自2022年1月1日起，如没有后续政策明确，依然可以享受住房补贴、语言训练费、子女教育费津补贴、伙食补贴、搬迁费、洗衣费，按合理标准取得的境内、外出差补贴和探亲费免税优惠政策。

知识点073：年度汇算清缴概念

汇算清缴，是指居民个人自行汇总一个纳税年度内工资薪金、劳务报酬、稿酬、特许权使用费四项收入（以下称综合所得），依法计算本年度应纳税额，减除已预缴税额，确定该纳税年度应补税额或者应退税额，在法定期限内向税务机关办理纳税申报并结清税款的行为。

年度汇算可以更加精准、全面落实各项税前扣除和税收优惠政策，更好保障纳税人的权益，保障国家税收收入。

1. 有的纳税人由于工作繁忙，可享受的税前扣除项目在平时没来得及申报享受；还有一些扣除项目，比如专项附加扣除中的大病医疗支出，只有年度结束，才能确切地知道支出金额是多少，这些扣除都可以通过年度汇算来补充享受办理。

2. 通过年度汇算，准确计算纳税人综合所得全年应该缴纳的个人所得税，如果预缴税额大于全年应纳税额，就要退还给纳税人，需要通过年度汇算来补充享受办理。

3. 预缴税额小于应纳税额，应当补税的纳税人。依法补税是纳税人的义务，需要通过年度汇算来补充享受办理。从有利于纳税人的角度出发，对于需要补税的纳税人，国务院对2019年度和2020年度汇算补税做出了例外性规定，综合所得年收入超过12万元且年度汇算补税金额在400元以上的纳税人，才需要办理年度汇算并补税。

知识点074：年度汇算清缴与预扣预缴关系

1. 预扣预缴主要是保证财政收入均衡入库，年度汇算真正依法计算确定本年度应纳税额。

2. 预扣预缴（除居民个人一个纳税年度内仅有一处工资薪金所得且按规定采用累计预扣法以外）享受的优惠政策、减免的税款，到年度汇算都不"算数"。最终应交税款的法律确定、实际缴纳、纳税义务的完成，以年度汇算为准。

通俗地说，预扣预缴填报了专项附加扣除，享受税收优惠政策，在年度汇算时要重新确认。

所以说，年度汇算清缴与预扣预缴二者没有直接关系，最终应缴税款以汇算清缴为基准，多退少补。二者的联系是年度汇算清缴时，计算年度汇算应退或应补税额需减去年度已预缴税额，得出本年度应退或应补税额，向税务机关申报并办理退税或补税。

知识点075：为什么要年度汇算清缴

纳税人已预缴税额与年度应纳税额一致情况下不需要汇算清缴，纳税人已预缴税额与年度应纳税额不一致情况（含补税或退税）下需要汇算清缴，由于综合所得的概念和预扣预缴的方法会造成已预缴税额与年度应纳税额不一致，主要原因有以下两种情况：

1. 综合所得按年度计算缴纳个人所得税。

税务机关等相关部门在研究设计预扣预缴方法时，经反复权衡采取了累计预扣法，这种方法可以使人数占比较大的、仅取得单一工资薪金收入的纳税人平时预扣预缴税款与年度应纳税款一致，从而不需要办理年度汇算。

但如果纳税人从多处取得收入，或在年度中间享受扣除和税收优惠不充分，则不论采取怎样的预扣预缴方法，都不可能在平时实现税款的精准预扣。这时，就需要通过年度汇算"多退少补"。

【例】居民个人在年中换任职单位，每月取得工资薪金，个人所得税法第九条规定，支付所得的单位或者个人仅对其支付所得有扣缴义务；同时，实践中居民个人也不愿意把上一家任职单位相关工资薪金所得信息提供给第二个任职单位，年中第二个单位预扣预缴工资薪金个人所得税时，从"头"开始预扣预缴，比如减除费用，按照5 000元/月乘以纳税人当年截至本月在本单位的任职受雇月份数计算，不能按照5 000元/月乘以当年的自然月份，那么就会出现平时预扣预缴与年度应纳税额不一致情况。

另外，综合所得按年度计算缴纳个人所得税，有一些扣除项目需要按照年度计算，如大病医疗专项附加扣除和公益性捐赠扣除。

2. 综合所得包括工资薪金、劳务报酬、稿酬、特许权使用费四项所得。

工资薪金、劳务报酬、稿酬、特许权使用费四项所得在取得时已经预扣了个人所得税，但因预扣时是分单位、分项、分月（或分次）计税扣缴的，不能做到预扣预缴时就综合，如居民个人有任职单位，每月取得工资薪金，另外有劳务报酬所得，实务中不可能支付劳务报酬单位取得任职单位的工资薪金信息的基础上再去扣缴个人所得税，对于个人所得信息来说容易泄露。

综合所得包括工资薪金、劳务报酬、稿酬、特许权使用费四项所得，所以要求工资薪金、劳务报酬、稿酬、特许权使用费四项所得加总算账，预扣时是分单位、分项、分月（或分次）计税扣缴，就有可能因与综合所得适用税率不一致而需要补税或退税。

【例】某居民个人取得工资薪金所得，扣完减除费用等扣除项后的余额18 000元，不考虑特殊情况，工资薪金所得全年预缴个人所得税

26 280 元，适用预扣预缴适用税率20％，速算扣除数 16 920 元，另有一处取得劳务报酬 800 元，无须缴纳个人所得税，年终汇算时，工资薪金和劳务报酬全年合并计算，劳务报酬 800 元部分减除 20％的收入额适用税率 20％，应缴纳个人所得税 26 408 元，减去已预缴税款，需补税 128 元（26 408 - 26 280）。该种情况属于 2019 年 1 月 1 日至 2020 年 12 月 31 日期间，居民个人取得综合所得时存在扣缴义务人未依法预扣预缴税款的情形除外，可免于办理个人所得税综合所得汇算清缴。

需要说明的是，本次个人所得税改革大幅提高了起征点，扩大了中低档税率级距，增加了专项附加扣除，即便按年汇算的结果是需要补税，但与税改前相比，绝大多数纳税人综合算账仍然是减税的。

知识点 076：年度汇算准备工作

为了能在申报期内便捷办税，建议做好以下准备工作：

1. 了解和熟悉个人所得税综合所得基本政策要点。

（1）综合所得的范围；

（2）扣缴义务人和纳税人的权利和义务；

（3）专项附加扣除及其他扣除政策；

（4）本人全年一次性奖金、公益性捐赠、税收优惠政策等特殊业务的个人所得税计算，并在年中做好提前安排；

（5）纳税年度内关于个人所得税综合所得的新政策；

（6）综合所得个人所得税预扣预缴和年度汇算计算；

（7）收集税务机关发布相关操作指引；

（8）其他关于个人所得税综合所得的知识。

2. 完成注册。

可使用个人所得税 APP 或者自然人电子税务局网页端（http：//

etax. chinatax. gov. cn），通过人脸识别或者填写大厅注册码的方式，进行实名注册。

3. 尽早通过个人所得税 APP 登记办税银行卡信息。

综合所得汇算时，需要本人的银行账户办理补（退）税手续。请在申报前，准备好一张银行储蓄卡（中国境内开设的账户，以Ⅰ类账户为佳），并在个人所得税 APP 上登记和验证账户信息。为避免申报高峰期发生业务拥堵，建议您尽早登录个人所得税 APP，在"个人中心"—"银行卡"中办理。

4. 核对纳税年度内收入纳税明细，了解本人年度综合所得收入及纳税情况，并对所得疑点申报记录发起申诉。

可以登录个人所得税 APP 或自然人税收管理系统（WEB）关于"收入纳税明细查询"菜单，查询纳税年度内综合所得收入纳税明细，及时对工资、薪金所得，劳务报酬所得，稿酬所得和特许权使用费所得疑点申报记录发起申诉。需要提醒的是，申诉真实性及责任由纳税人承担，请纳税人核实收入情况后，谨慎提起申诉。

5. 核对纳税年度专项附加扣除填报信息，确保汇算申报时能够足额扣除。

可以登录个人所得税 APP 或自然人税收管理系统（WEB），关于"专项附加扣除信息查询"菜单，选择"年份"为汇算清缴的年度，后查看相关信息，如发现错误，可以修改或作废相关信息；如需要增补专项附加扣除信息，特别是大病医疗扣除信息，可以在"常用业务"中点击"专项附加扣除填报"填报。

6. 提前计算综合所得年度应纳税额。

根据下列公式计算综合所得年度应纳税额：

综合所得年度应纳税额 =（综合所得收入额 - 60 000 元 - "三险一金"等专项扣除 - 子女教育等专项附加扣除 - 依法确定的其他扣除 - 捐赠）× 适用税率 - 速算扣除数

需要关注全年一次性奖金选择是否合并（2019 - 2021 年度）、公益性捐赠支出扣除选择、专项附加扣除选择夫妻双方、父母与子女之间扣除、残疾、孤老人员和烈属等税收优惠政策等选择，对综合所得年度应纳税额的影响。

7. 判断是否需要年度汇算清缴。

按照最新政策及本人综合所得的情况，判断是否需要汇算清缴，其中2019－2020年度具体判断如下：

（1）是否属于非居民个人，非居民个人不需要汇算清缴；

（2）预缴税额与年度应纳税额一致，不需要汇算清缴；

（3）预缴税额＞年度应纳税额，如选择不退税，不需要汇算清缴；如选择退税需要汇算清缴；

（4）综合所得收入≤12万元，无论补税金额多少，可选择不汇算清缴和补税；

（5）补税金额≤400元，无论综合所得收入多少，可选择不汇算清缴和补税；

（6）综合所得收入＞12万元且补税金额＞400元，需要按规定汇算清缴。

8. 需要汇算选择办理方式。

选择自行办理年度汇算、通过取得工资薪金或连续性取得劳务报酬所得的扣缴义务人代为办理还是委托涉税专业服务机构或其他单位及个人办理。

9. 选择确认受理年度汇算申报的税务机关。

自行办理和委托涉税专业服务机构或其他单位及个人办理：有任职受雇单位所在地的主管税务机关申报、有两处及以上任职受雇单位的，可自主选择向其中一处单位所在地的主管税务机关申报；没有任职受雇单位的，向其户籍所在地或者经常居住地的主管税务机关申报。

通过取得工资薪金或连续性取得劳务报酬所得的扣缴义务人代为办理：向扣缴义务人的主管税务机关申报。

个人所得税综合所得年度汇算清缴准备工作如图8所示。

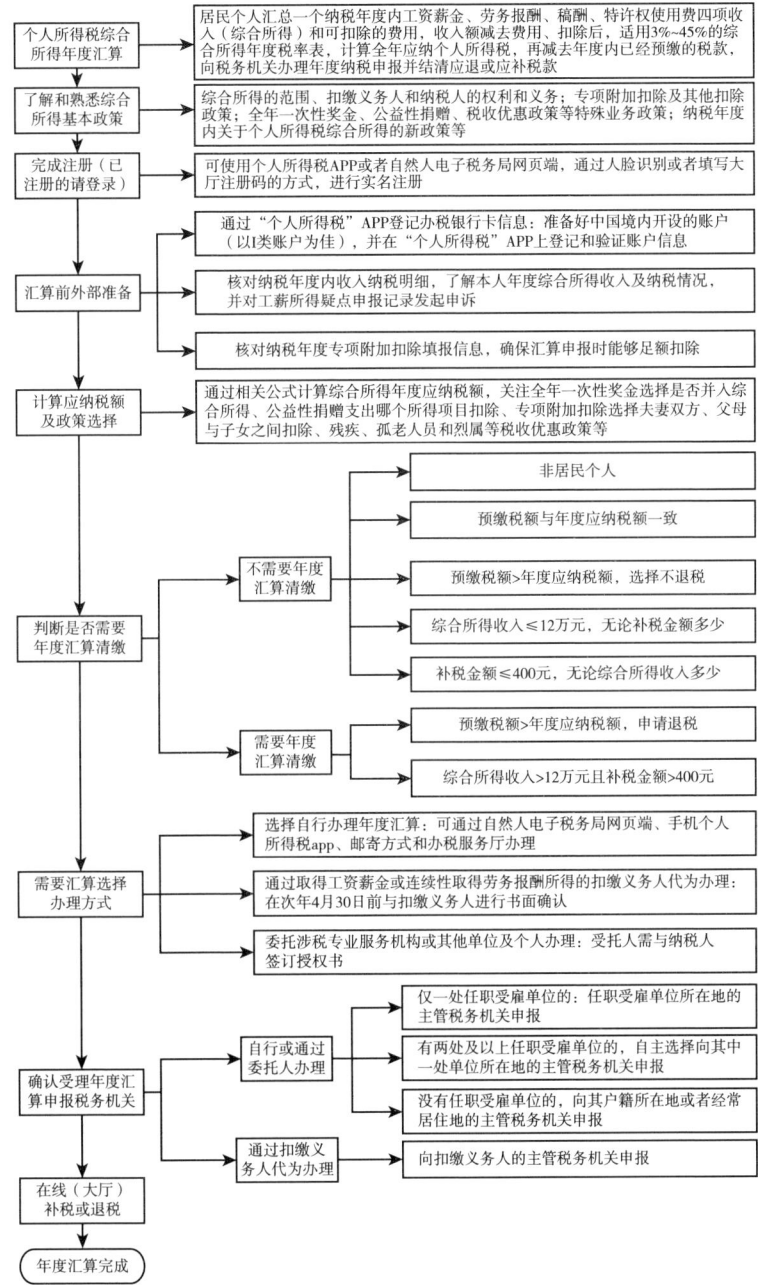

图 8　综合所得年度汇算准备工作示意图

备注：上述图中需要/不需要年度汇算清缴属于 2019－2020 年度政策，2021 年度及以后年度，需要关注新政策。

知识点 077：居民个人应当汇缴申报情形

个人所得税法实施条例第二十五条规定：

"取得综合所得需要办理汇算清缴的情形包括：

（一）从两处以上取得综合所得，且综合所得年收入额减除专项扣除的余额超过6万元；

（二）取得劳务报酬所得、稿酬所得、特许权使用费所得中一项或者多项所得，且综合所得年收入额减除专项扣除的余额超过6万元；

（三）纳税年度内预缴税额低于应纳税额；

（四）纳税人申请退税。"

根据上述文件规定，取得综合所得需要办理汇算清缴的情形其政策实务关键点如下：

1. 从两处以上取得综合所得，且综合所得年收入额减除专项扣除后的余额超过6万元。主要原因：对个人取得两处以上综合所得且合计超过6万元的，日常没有合并预扣预缴机制，难以做到预扣税款与汇算清缴税款一致，需要汇算清缴。

（1）从两处以上：包括不同的扣缴义务人和同一扣缴义务人不同的所得项目。如出版社的员工在本单位出版书籍，从出版社取得工资薪金所得和稿酬所得，也属于"从两处以上取得综合所得"的情形。

（2）"收入"和"收入额"的概念，是综合所得个人所得税计算过程中的专有名词。

"收入"，通俗讲即毛收入，也就是常说的税前收入。

"收入额"，是计算税款过程中的一个名词。依据税法，工资薪金所得以全部收入为收入额，劳务报酬所得、稿酬所得、特许权使用费所得以收入减除百分之二十的费用后的余额为收入额。稿酬所得的收入额减按百分之七十计算。具体来说：

工资薪金所得收入额＝全部工资薪金税前收入

劳务报酬所得收入额＝全部劳务报酬税前收入×（1－20%）

特许权使用费所得收入额＝全部特许权使用费税前收入×（1－20%）

稿酬所得收入额＝全部稿酬税前收入×（1－20%）×70%

（3）余额是指收入额减除专项扣除，不包括减除专项附加扣除和其他扣除。

（4）超过6万元，不包括等于6万元的情形。

2. 取得劳务报酬所得、稿酬所得、特许权使用费所得中一项或者多项所得，且综合所得年收入额减除专项扣除的余额超过6万元。

主要原因：上述三项综合所得的收入来源分散，收入不稳定，可能存在多个扣缴义务人，难以做到预扣税款与汇算清缴税款一致，需要汇算清缴。

3. 纳税年度内预缴税额低于应纳税额，具体包括：

（1）预扣预缴申报的收入额低于纳税人实际取得的收入额，导致预缴税额低于应纳税额的；

（2）从两处以上取得综合所得年度收入额合并后，适用税率提高；或者累计扣除的专项扣除、专项附加扣除、依法确定的其他扣除，不符合税法规定条件或者超过规定标准，导致预缴税额低于应纳税额的；

（3）预扣预缴时享受的税收优惠，不符合税法规定条件或者超过规定标准，导致预缴税额低于应纳税额的；

（4）其他预缴税额低于应纳税额的情形。

4. 纳税人申请退税，具体包括：

（1）纳税年度内预扣预缴了个人所得税，但全年累计扣除的基本减除费用不足6万元的；

（2）预扣预缴时，未扣除或者未足额扣除专项扣除、专项附加扣除、依法确定的其他扣除的，导致预缴税额高于应纳税额的；

（3）预扣预缴时，未享受或者未足额享受综合所得税收优惠的，导致预缴税额高于应纳税额的；

（4）发生符合税前扣除条件的捐赠支出，在综合所得中扣除的；

（5）其他预缴税额高于应纳税额，申请退税的情形。

知识点078：2019－2020年度应当汇缴申报的特殊规定

国务院总理李克强2019年11月20日主持召开国务院常务会议，会议提出要合理有序建立个人所得税年度汇算清缴制度，使专项附加扣除政策更好落实并不断完善，实现税制可持续。会议决定，为进一步减轻纳税人特别是中低收入群体负担，暂定两年内对综合所得年收入不超过12万元或年度补税金额较低的纳税人，免除汇算清缴义务。

《财政部 税务总局关于年度汇算涉及有关政策问题的公告》（财政部 税务总局公告2019年第94号）第一条规定："2019年1月1日至2020年12月31日居民个人取得的综合所得，年度综合所得收入不超过12万元且需要汇算清缴补税的，或者年度汇算清缴补税金额不超过400元的，居民个人可免于办理个人所得税年度汇算清缴。居民个人取得综合所得时存在扣缴义务人未依法预扣预缴税款的情形除外。"

根据上述文件规定，政策实务关键点：

1. 国务院常务会议决定两年内对综合所得年收入不超过12万元的纳税人免除年度汇算义务，并不是"起征点"变成12万了。

国务院常务会议决定两年内对综合所得年收入不超过12万元或年度补税金额较低的纳税人，豁免其年度汇算义务，以进一步减轻中低收入群体负担。

但是纳税人日常在取得四项综合所得时，支付单位依然需要根据个人所得税法及其实施条例、国家税务总局公告2018年61号公告等文件规定预扣预缴个人所得税。如纳税人取得综合所得时已依法预缴了个人所得税，只要符合上述两种情形2019年度和2020年度则无须办理年度汇算。

2. "暂定"的理解，按照2019年11月20日国务院常务会议精神，要合理有序建立个人所得税年度汇算清缴制度，为了让个人逐渐有年度汇算清缴意识和适用年度汇算清缴的纳税方式，所以暂定对一些收入额和补税金额较小的纳税人免于办理个人所得税年度汇算清缴，后续将会回归到个人所得税法实施条例第二十五条规定需要办理年度汇算清缴情形，也就需要关注后续政策的变化。

3. 两年内，是指2019年度和2020年度，具体是指税款所属期属于2019年度至2020年度。

4. 免于办理个人所得税年度汇算清缴的两种情形：

（1）年度综合所得收入不超过12万元且需要汇算清缴补税的，注意政策规定的"收入"不是"收入额"；

（2）年度汇算清缴补税金额不超过400元的。

需要补充的是，政策原文关键词是"或者"，两种情形是并列，满足其中之一就可以免于办理个人所得税年度汇算清缴。

5. 特殊情况除外。居民个人取得综合所得时存在扣缴义务人未依法预扣预缴税款的情形除外。

6. 豁免部分人群办理综合所得年度汇算的义务，并没有限制纳税人申请退税的权利。经税款计算属于退税情形的，不管综合所得年收入多少和退税额多少，都可以通过办理年度汇算申报退税。

知识点079：2019－2020年度无须办理年度汇算情形

《国家税务总局关于办理2019年度汇算事项的公告》（国家税务总

局公告 2019 年第 44 号）第二条"无需办理年度汇算的纳税人"规定："经国务院批准，依据《财政部 税务总局关于个人所得税年度汇算清缴涉及有关政策问题的公告》（2019 年第 94 号）有关规定，纳税人在 2019 年度已依法预缴个人所得税且符合下列情形之一的，无须办理年度汇算：

（一）纳税人年度汇算需补税但年度综合所得收入不超过 12 万元的；

（二）纳税人年度汇算需补税金额不超过 400 元的；

（三）纳税人已预缴税额与年度应纳税额一致或者不申请年度汇算退税的。"

根据上述文件规定，纳税人无须办理年度汇算的情形，其政策实务关键点：

1. 纳税人年度汇算需补税但年度综合所得收入不超过 12 万元的。

从政策规定看只有一个条件"年度综合所得收入不超过 12 万元"，则纳税人只要综合所得年收入不超过 12 万元，则不论补税金额多少，均不需办理年度汇算，也不需要补税。

【例】某居民个人 2019 年度在两个以上单位任职受雇并领取工资薪金，其中：

（1）从甲单位取得工资薪金每月 5 700 元，个人缴付"三险一金"1 000 元/月，甲单位预扣预缴扣除了基本减除费用（5 000 元/月）和专项扣除后，应纳税所得额小于 0 元，所以整个纳税年度未预扣预缴税款；

（2）从乙单位取得工资薪金每月 4 200 元，乙单位预扣预缴扣除了基本减除费用（5 000 元/月）后，应纳税所得额小于 0 元，所以整个纳税年度未预扣预缴税款；

（3）该居民个人享受住房贷款利息专项附加扣除，每月 1 000 元的标准定额扣除，不考虑其他情况。

2019 年度汇算应退或应补税额 = [（综合所得收入额 - 60 000 元 - "三险一金"等专项扣除 - 子女教育等专项附加扣除 - 依法确定的其他扣

除-捐赠)×适用税率-速算扣除数]-2019年已预缴税额=[(5 700+4 200)×12-60 000-1 000×12-1 000×12-0]×3%-0=1 044元

虽然2019年度汇算应补税额1 044元,但是由于其综合所得收入118 800元[(5 700+4 200)×12]未超过12万元,不需要汇算清缴和补税。

2. 纳税人年度汇算需补税金额不超过400元的。

从政策规定看只有一个条件"补税金额不超过400元",则纳税人只要补税金额不超过400元,则不论综合所得年收入的高低,均不需办理年度汇算,也不需补税。

【例】某居民个人2019年度取得如下综合所得收入:

(1)从甲单位取得工资薪金每月18 000元,个人支付负担社会保险费和住房公积金等1 500元/月,享受子女教育和住房贷款利息专项附加扣除每月2 000元的标准定额扣除,由甲单位预扣预缴个人所得税时扣除,甲单位按相关规定预扣预缴税款8 880元。

(2)2019年8月从上一个任职乙单位取得补发2018年6月工资薪金2 800元,乙单位预扣预缴扣除基本减除费用5 000元/月后,应纳税所得额小于0,所以未预扣预缴税款。

(3)2019年10月和11月分别从丙单位和丁单位取得劳务报酬所得600元和550元,按照相关规定预扣预缴的税款都为0元。

2019年度汇算应退或应补税额=[(综合所得收入额-60 000元-"三险一金"等专项扣除-子女教育等专项附加扣除-依法确定的其他扣除-捐赠)×适用税率-速算扣除数]-2019年已预缴税额=[18 000×12+2 800+600×(1-20%)+550×(1-20%)-60 000-1 500×12-2 000×12-0)×10%-2 520]-8 880=372(元)

虽然2019年度综合所得收入为219 950元(18 000×12+2 800+600+550),大于12万元,但是汇算应补税额372元未超过400元,也不需要汇算清缴和补税。

【提示点】2019年1月1日至2020年12月31日居民个人取得的综

合所得，年度综合所得收入不超过 12 万元且需要汇算清缴补税的，或者年度汇算清缴补税金额不超过 400 元的，居民个人可免于办理年度汇算，在个人所得税 APP 端的操作：

（1）如果纳税人收入不足 12 万元且需应补税额，则弹框如图 9 所示：

（2）如果纳税人收入超出 12 万元且应补税额≤400 元，则弹框如图 10 所示：

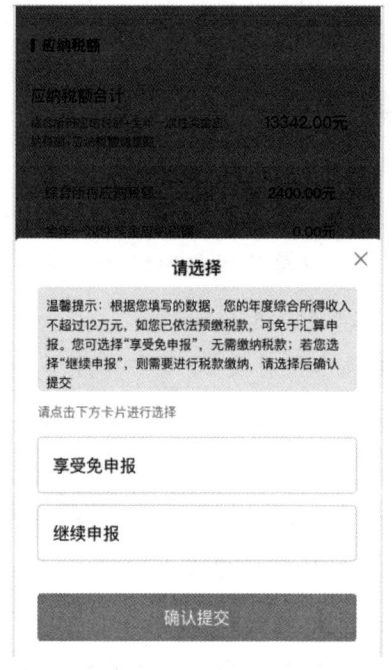
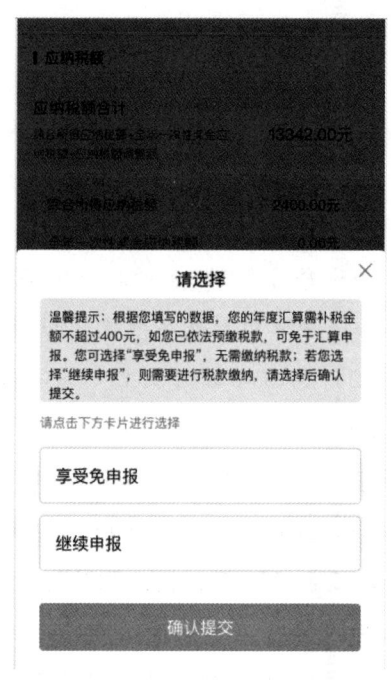

图 9　个人所得税 APP 示意图　　图 10　个人所得税 APP 示意图

（3）若选择"享受免申报"，则无需缴款；若选择"继续申报"，则不享受免于申报，需缴款。

3. 纳税人已预缴税额与年度应纳税额一致。

如果纳税人平时已预缴税额与年度应纳税额完全一致，既不需要退税也不需要补税，也就无须办理年度汇算。

【例】某居民个人 2019 年度从任职单位取得工资薪金每月 28 000 元，个人支付负担社会保险费和住房公积金等 2 000 元/月，居民个人享受子女教育和住房贷款利息专项附加扣除，每月 2 000 元的标准定额扣除，由甲单位预扣预缴个人所得税时扣除，没有其他综合所得收入和大病医疗支出等其他扣除项目，不考虑其他情况，平时已预缴税额与年度应纳税额完全一致，也就不需要汇算清缴。

4. 纳税人不申请年度汇算退税，退税是纳税人的权利，纳税人如果放弃则无须办理年度汇算。

【例】某居民个人 2019 年度取得有关综合所得收入，具体情形如下：

（1）2019 年 1~6 月，从甲单位取得工资薪金每月 7 300 元，个人支付负担社会保险费和住房公积金等 1 000 元/月，基本减除费用 5 000 元/月，享受每月 1 000 元房贷款利息专项附加扣除，由甲单位预扣预缴个人所得税时扣除，甲单位按相关规定预扣预缴税款 54 元。

（2）2019 年 7 月，由于换工作，该月未取得工资薪金所得，自行缴纳社会保险费和住房公积金 1 000 元。

（3）2019 年 8~12 月，从新单位取得工资薪金每月 8 000 元，个人支付负担社会保险费和住房公积金等 1 200 元/月，基本减除费用 5 000 元/月，享受住房贷款利息专项附加扣除每月 1 000 元，乙单位按相关规定预扣预缴税款 120 元。

不考虑其他情况，2019 年度汇算应退或应补税额 =［（综合所得收入额 - 60 000 元 - "三险一金"等专项扣除 - 子女教育等专项附加扣除 - 依法确定的其他扣除 - 捐赠）× 适用税率 - 速算扣除数］- 2019 年已预缴税额 =［(7 300 × 6 + 8 000 × 5) - 60 000 - (1 000 × 6 + 1 000 + 1 200 × 5) - 1 000 × 12 - 0) × 0% - 0］-（54 + 120）= -174（元）

按照计算结果，2019 年度汇算应退税额 174 元，纳税人如果不申请年度汇算退税，也不需要汇算清缴。

知识点 080：2019－2020 年度需要办理年度汇算情形

《国家税务总局关于办理 2019 年度个人所得税综合所得汇算事项的公告》（国家税务总局公告 2019 年第 44 号）第三条"需要办理年度汇算的纳税人"规定：

"依据税法规定，符合下列情形之一的，纳税人需要办理年度汇算：

（一）2019 年度已预缴税额大于年度应纳税额且申请退税的。包括 2019 年度综合所得收入额不超过 6 万元但已预缴个人所得税；年度中间劳务报酬、稿酬、特许权使用费适用的预扣率高于综合所得年适用税率；预缴税款时，未申报扣除或未足额扣除减除费用、专项扣除、专项附加扣除、依法确定的其他扣除或捐赠，以及未申报享受或未足额享受综合所得税收优惠等情形。

（二）2019 年度综合所得收入超过 12 万元且需要补税金额超过 400 元的。包括取得两处及以上综合所得，合并后适用税率提高导致已预缴税额小于年度应纳税额等情形。"

根据上述文件规定，纳税人需办理年度汇算的情形，其政策实务关键点：

一、2019 年度已预缴税额大于年度应纳税额且申请退税的

依法申请退税是纳税人的权利。从充分保障纳税人权益的角度出发，只要纳税人因为平时扣除不足或未申报扣除等原因导致多预缴了税款，无论收入高低，无论退税额多少，纳税人都可以申请退税。

1. 2019 年度综合所得年收入额不足 6 万元，但平时预缴过个人所得税的。

【例】某纳税人 1 月领取工资 10 000 元、个人缴付"三险一金"

2 000 元，假设没有专项附加扣除，预缴个人所得税 90 元；其他月份每月工资 4 000 元，无须预缴个人所得税。全年看，因纳税人年收入额不足 6 万元无须缴税，因此预缴的 90 元税款可以申请退还。

——案例摘自《国家税务总局关于〈国家税务总局关于办理 2019 年度个人所得税综合所得汇算清缴事项的公告〉（国家税务总局公告 2019 年第 44 号）的解读》

2. 2019 年度有符合享受条件的专项附加扣除，但预缴税款时没有申报扣除的。

【例】某纳税人每月工资 10 000 元、个人缴付"三险一金" 2 000 元，有两个上小学的孩子，按规定可以每月享受 2 000 元（全年 24 000 元）的子女教育专项附加扣除。但因其在预缴环节未填报，使得计算个人所得税时未减除子女教育专项附加扣除，全年预缴个人所得税 1 080 元。其在年度汇算时填报了相关信息后可补充扣除 24 000 元，扣除后全年应纳个人所得税 360 元，按规定其可以申请退税 720 元。

——案例摘自《国家税务总局关于〈国家税务总局关于办理 2019 年度个人所得税综合所得汇算清缴事项的公告〉（国家税务总局公告 2019 年第 44 号）的解读》

【例】某纳税人与单位签订税后固定工资每月 15 000 元，个人缴付"三险一金" 2 590 元，其在预缴环节未填报专项附加扣除，预扣预缴个人所得税时未减除子女教育专项附加扣除全年 12 000 元和房贷款利息专项附加扣除全年 12 000 元，单位全年预缴个人所得税 7 080 元，其在年度汇算时填报了相关信息后可补充扣除 24 000 元，扣除后全年应纳个人所得税 4 680 元，按规定其可以申请退税 2 400 元。

3. 因年中就业、退职或者部分月份没有收入等原因，减除费用 6 万元、"三险一金"等专项扣除、子女教育等专项附加扣除、企业（职业）年金以及商业健康保险、税收递延型养老保险等扣除不充分的。

【例】某纳税人于 2019 年 8 月底退休，退休前每月工资 1 万元、个人缴付"三险一金" 2 000 元，退休后领取基本养老金。假设没有专项附加扣除，1~8月预缴个人所得税720元；后4个月基本养老金按规定免征个人所得税。全年看，该纳税人仅扣除了4万元减除费用（8×5 000元/月），未充分扣除6万元减除费用。年度汇算足额扣除后，该纳税人可申请退税600元。

——案例摘自《国家税务总局关于〈国家税务总局关于办理2019年度个人所得税综合所得汇算清缴事项的公告〉（国家税务总局公告2019年第44号）的解读》

【例】某纳税人2019年8月份研究生毕业在北京某单位入职，2019年8~12月每月领取工资9 500元，个人缴付"三险一金"每月1 200元，2019年8月起享受住房租金专项附加1 500元/月，其单位2019年8~12月共预扣预缴270元，因纳税人年收入额47 500元（9 500×5）不足6万元无须缴税，因此预缴的270元税款可以申请退还。

4. 没有任职受雇单位，仅取得劳务报酬、稿酬、特许权使用费所得，需要通过年度汇算办理各种税前扣除的。

【例】某纳税人没有任职受雇单位，2019年度出版一本图书，取得稿酬所得200 000元，预扣预缴个人所得税22 400元，纳税年度没有取得其他综合所得，6万元减除费用，个人全年自行缴付"三险一金"10 000元、住房租金和赡养老人专项附加全年42 000元，不考虑其他情况，全年算账，综合所得应纳税款0元，因此，可申请22 400元退税。

5. 纳税人取得劳务报酬、稿酬、特许权使用费所得，年度中间适用的预扣率高于全年综合所得年适用税率的。

【例】某纳税人每月固定一处取得劳务报酬1万元，适用20%预扣率后预缴个人所得税1 600元，全年19 200元；全年算账，全年劳务报酬12万元，减除6万元费用（不考虑其他扣除）后，适用3%的综合所得税率，全年应纳税款1 080元。因此，可申请18 120元退税。

——案例摘自《国家税务总局关于〈国家税务总局关于办理2019年度个人所得税综合所得汇算清缴事项的公告〉（国家税务总局公告2019年第44号）的解读》

6. 预缴税款时，未申报享受或者未足额享受综合所得税收优惠的，如残疾人减征个人所得税优惠等。

7. 有符合条件的公益慈善事业捐赠支出，但预缴税款时未办理扣除的。

8. 全年一次性奖金汇算清缴时并入综合所得计算纳税的。

【例】某居民个人2019年2月取得全年一次性奖金6万元，选择不并入当年综合所得。

（1）找适用税率。

以全年一次性奖金收入除以12个月得到的数额，按综合所得税率表（月度税率表），确定适用税率10%和速算扣除数210。

（2）计算应纳税额。

应纳税额＝全年一次性奖金收入×适用税率－速算扣除数＝60 000×10%－210＝5 790（元）

截至2019年12月，该居民个人每月从单位取得工资9 000元，个人缴付"三险一金"全年12 000元，子女教育、赡养老人和住房贷款专项扣除全年42 000元，不考虑其他情况，单位按规定预扣预缴个人所得税0元。

（3）年度汇算时选择并入综合所得计算纳税。

2019年度汇算应退或应补税额＝[（综合所得收入额－60 000元－"三险一金"等专项扣除－子女教育等专项附加扣除－依法确定的其他扣除－捐赠）×适用税率－速算扣除数]－2019年已预缴税额＝[（9 000×12＋60 000）－60 000－12 000－42 000－0－0）×10%]－2 520－5 790＝－2 910元

因此，可申请2 910元退税。

【提示点】个人在个人所得税APP端申报成功，申请退税如图11所示，点击"申请退税"可申请退税。

图 11 个人所得税 APP 操作示意图

二、2019 年度综合所得收入超过 12 万元且需要补税金额超过 400 元的。

依法补税是纳税人的义务。从有利于纳税人的角度出发，国务院对 2019 年度汇算补税做出了例外性规定，需要补税的居民个人，只有综合所得年收入超过 12 万元且年度汇算补税金额在 400 元以上的纳税人，才需要办理年度汇算并补税。

【提示点】补税需要办理年度汇算并补税，需要同时满足两个条件——综合所得年收入超过 12 万元和年度汇算补税金额在 400 元以上。只满足其中一个条件，除存在扣缴义务人未依法预扣预缴税款的情形除外，可以免于办理年度汇算且不需要补税。

有一些常见情形，将导致年度汇算时需要或可能需要补税，主要如下：

1. 在两个以上单位任职受雇并领取工资薪金，预缴税款时重复扣除了基本减除费用（5 000 元/月）。

【例】某居民个人 2020 年度在两个以上单位任职受雇并领取工资薪金，其中：

（1）从甲单位取得工资薪金每月 12 000 元，个人缴付"三险一金" 1 800 元/月，享受住房贷款利息和子女教育费专项附加扣除每月 2 000 元，由甲单位预扣预缴个人所得税时扣除，甲单位按相关规定全年预扣预缴税款 1 320 元。

（2）从乙单位取得工资薪金每月 7 000 元，乙单位预扣预缴时扣除基本减除费用（5 000 元/月），乙单位按相关规定全年预扣预缴税款 720 元。

2020 年度汇算应退或应补税额 = [（综合所得收入额 - 60 000 元 - "三险一金"等专项扣除 - 子女教育等专项附加扣除 - 依法确定的其他扣除 - 捐赠）× 适用税率 - 速算扣除数] - 2020 年已预缴税额 = [（12 000 + 7 000）× 12 - 60 000 - 1 800 × 12 - 2 000 × 12 - 0] × 10% - 2 520 - （1 320 + 720）= 7 680（元）。

2020 年度汇算应补税额 7 680 元，且综合所得收入 228 000 元 [（12 000 + 7 000）× 12] 超过 12 万元，需要按规定汇算清缴和补税。

2. 除工资薪金外，纳税人还有劳务报酬、稿酬、特许权使用费所得，各项综合所得的收入加总后，导致综合所得年适用税率高于预扣率等。

【例】某居民个人 2019 年度取得以下综合所得：

（1）该居民个人每月从单位取得工资 25 000 元，个人缴付"三险一金"全年 36 000 元，子女教育、赡养老人和住房贷款专项扣除全年 48 000 元，不考虑其他情况，单位按规定预扣预缴个人所得税 14 280 元。

（2）取得某单位一项特许权使用费所得 300 000 元，不考虑其他情况，支付单位按规定预扣预缴税款。

特许权使用费 300 000 元，收入额大于 4 000 元，扣除费用 20%，适用预扣预缴税率 20%：

预扣预缴应纳税所得额 = 300 000 ×（1 - 20%）= 240 000（元）

应预扣预缴税额 = 240 000 × 20% = 48 000（元）

2019 年度汇算应退或应补税额 = [（综合所得收入额 - 60 000 元 - "三险一金"等专项扣除 - 子女教育等专项附加扣除 - 依法确定的其他扣除 - 捐赠）× 适用税率 - 速算扣除数] - 2019 年已预缴税额 = [25 000 × 12 +

300 000 × (1 − 20%) − 60 000 − 36 000 − 48 000 − 0 − 0] × 25% − 31 920 − (14 280 + 48 000) = 67 080 − (14 280 + 48 000) = 4 800（元）

2019年度汇算应补税额4 800元，且综合所得收入600 000元（25 000×12＋300 000）超过12万元，需要按规定汇算清缴和补税。

【提示点】个人在个人所得税APP端申报成功，缴税如图12所示，点击"去缴税"可缴款。

图12　个人所得税APP操作示意图

3. 非居民个人"变"居民个人

无住所个人预先判定为非居民个人，因延长居住天数达到居民个人条件的，一个纳税年度内税款扣缴方法保持不变，年度终了后按照居民个人有关规定办理汇算清缴，但该个人在当年离境且预计年度内不再入境的，可以选择在离境之前办理汇算清缴。

【例】费尔德曼是一名被德国总部派遣到北京子公司工作的德国技术专家，2020年1月4日来中国，按合同约定于2020年4月30日前结束工作后返回德国。北京子公司在支付工资薪金所得时，预判2020年度在华居住天数不满183天,系非居民个人,按照非居民个人扣缴方法扣缴工资薪金所得个人所得税,且按规定申报。

后因工作需要,德国总部将其任期延至2021年2月28日,则费尔德曼2020年度在华居住的天数超过183天,构成居民纳税人身份。

费尔德曼这种情形,常见于来华工作或在华居住的外籍无住所个人。这些个人年初预判为非居民的无住所个人,但在年终时,又构成了居民纳税人身份,因此,如果属于办理汇算情形(申请退税或者2020年度综合所得收入超过12万元且需要补税金额超过400元),则需要办理年度汇算。

知识点081:2019-2020年度办理年度汇算情形判断示意图

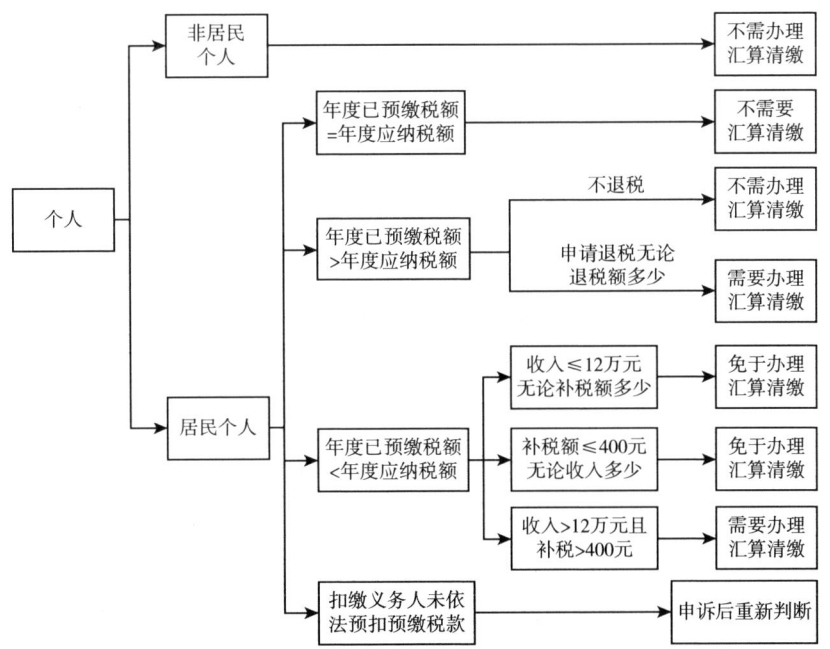

图13　2019~2020年度办理年度汇算情形判断示意图

知识点 082：年度汇算和 12 万元申报区别

《国家发展改革委办公厅 国家税务总局办公厅关于加强个人所得税纳税信用建设的通知》（发改办财金规〔2019〕860号）规定：

"一、建立健全个人所得税纳税信用记录，完善守信激励与失信惩戒机制，加强个人信息安全和权益维护，有效引导纳税人诚信纳税，公平享受减税红利，推动税务领域信用体系建设迈上新台阶。

二、全面实施个人所得税申报信用承诺制。税务部门在个人所得税自行纳税申报表、个人所得税专项附加扣除信息表等表单中设立格式规范、标准统一的信用承诺书，纳税人需对填报信息的真实性、准确性、完整性作出守信承诺。信用承诺的履行情况纳入个人信用记录，提醒和引导纳税人重视自身纳税信用，并视情况予以失信惩戒。建立健全个人所得税纳税信用记录。税务总局以自然人纳税人识别号为唯一标识，以个人所得税纳税申报记录、专项附加扣除信息报送记录、违反信用承诺和违法违规行为记录为重点，研究制定自然人纳税信用管理的制度办法，全面建立自然人纳税信用信息采集、记录、查询、应用、修复、安全管理和权益维护机制，依法依规采集和评价自然人纳税信用信息，形成全国自然人纳税信用信息库，并与全国信用信息共享平台建立数据共享机制。

三、建立自然人失信行为认定机制。对于违反《中华人民共和国税收征管法》《中华人民共和国个人所得税法》以及其他法律法规和规范性文件，违背诚实信用原则，存在偷税、骗税、骗抵、冒用他人身份信息、恶意举报、虚假申诉等失信行为的当事人，税务部门将其列入重点关注对象，依法依规采取行政性约束和惩戒措施；对于情节严重、达到重大税收违法失信案件标准的，税务部门将其列为严重失信当事人，依法对外公示，并与全国信用信息共享平台共享。

四、对个人所得税守信纳税人提供更多便利和机会。探索将个人所得税守信情况纳入自然人诚信积分体系管理机制。对个人所得税纳税信用记录持续优良的纳税人，相关部门应提供更多服务便利，依法实施绿色通道、容缺受理等激励措施；鼓励行政管理部门在颁发荣誉证书、嘉奖和表彰时将其作为参考因素予以考虑。

五、对个人所得税严重失信当事人实施联合惩戒。税务部门与有关部门合作，建立个人所得税严重失信当事人联合惩戒机制，对经税务部门依法认定，在个人所得税自行申报、专项附加扣除和享受优惠等过程中存在严重违法失信行为的纳税人和扣缴义务人，向全国信用信息共享平台推送相关信息并建立信用信息数据动态更新机制，依法依规实施联合惩戒。

六、建立异议解决和失信修复机制。对个人所得税纳税信用记录存在异议的，纳税人可向税务机关提出异议申请，税务机关应及时回复并反馈结果。自然人在规定期限内纠正失信行为、消除不良影响的，可以通过主动做出信用承诺、参与信用知识学习、税收公益活动或信用体系建设公益活动等方式开展信用修复，对完成信用修复的自然人，税务部门按照规定修复其纳税信用。对因政策理解偏差或办税系统操作失误导致轻微失信，且能够按照规定履行涉税义务的自然人，税务部门将简化修复程序，及时对其纳税信用进行修复。"

《中华人民共和国税收征收管理法》（主席令2013年第5号）（以下简称税收征管法）第六十二条规定："纳税人未按照规定的期限办理纳税申报和报送纳税资料的，或者扣缴义务人未按照规定的期限向税务机关报送代扣代缴、代收代缴税款报告表和有关资料的，由税务机关责令限期改正，可以处二千元以下的罚款；情节严重的，可以处二千元以上一万元以下的罚款。"

第六十三条规定："纳税人伪造、变造、隐匿、擅自销毁帐簿、记账凭证，或者在账簿上多列支出或者不列、少列收入，或者经税务机关通知申报而拒不申报或者进行虚假的纳税申报，不缴或者少缴应纳税款的，是偷税。对纳税人偷税的，由税务机关追缴其不缴或者少缴的税款、滞纳金，并处不缴或者少缴的税款百分之五十以上五倍以下的罚款；构成犯罪的，依法追究刑事责任。扣缴义务人采取前款所列手段，不缴或者少缴已扣、已收税款，由税务机关追缴其不缴或者少缴的税款、滞纳金，并处不缴或者少缴的税款百分之五十以上五倍以下的罚款；构成犯罪的，依法追究刑事责任。"

根据上述文件规定，个人所得税年度汇算清缴和年所得12万元以上纳税人自行纳税申报的主要风险区别：

（1）居民个人未依法如实办理综合所得年度汇算的，按照税收征管法有关规定予以处理，并按规定记入个人纳税信用记录。

（2）对需要补税的纳税人，如果不依法办理汇算清缴，将面临税务行政处罚并记入个人信用记录。

另根据税收征管法第六十二条，纳税人未按照规定期限办理纳税申报和报送纳税资料的，由税务机关责令限期改正，可以处2000元以下的罚款；情节严重的，可以处2000元以上1万元以下的罚款，并追缴税款、加征滞纳金。如纳税人采取隐瞒收入、编造虚假扣除等手段逃避缴税的，依据税收征管法第六十三条规定，由税务机关追缴其不缴或者少缴的税款、滞纳金，并处不缴或者少缴的税款百分之五十以上五倍以下的罚款；构成犯罪的，依法追究刑事责任。

知识点083：年度汇算计算公式

依据税法规定，2019年度及以后年度终了后，居民个人需要汇总整个纳税年度取得的工资薪金、劳务报酬、稿酬、特许权使用费等四项所得（即"综合所得"）的收入额，减除费用6万元以及专项扣除、专项附加扣除、依法确定的其他扣除和符合条件的公益慈善事业捐赠

(以下简称"捐赠")后,适用综合所得个人所得税税率并减去速算扣除数,计算本年度最终应纳税额,再减去本纳税年度已预缴税额,得出本年度应退或应补税额,向税务机关申报并办理退税或补税。具体计算公式如下:

年度汇算应退或应补税额 =〔(综合所得收入额 – 60 000 元 – "三险一金"等专项扣除 – 子女教育等专项附加扣除 – 依法确定的其他扣除 – 捐赠)×适用税率 – 速算扣除数〕– 当年已预缴税额

其中:综合所得收入额 = 工资薪金所得收入额 + 劳务报酬所得收入额 + 特许权使用费所得收入额 + 稿酬所得收入额

工资薪金所得收入额:工资薪金所得收入全额

劳务报酬所得收入额:劳务报酬所得收入 × 80%

特许权使用费所得收入额:特许权使用费所得收入 × 80%

稿酬所得收入额:稿酬所得收入 × 80% × 70%

依据税法规定,年度汇算仅计算并结清本年度综合所得的应退或应补税款,不涉及以前或往后年度,也不涉及财产租赁等分类所得,以及纳税人按规定选择不并入综合所得计算纳税的全年一次性奖金等所得。

知识点 084:年度汇算计算案例

【例】某居民个人 2019 年度取得以下综合所得,不考虑其他情况:

1. 每个月都取得工资 12 000 元,三险一金每月扣除 1 200 元,专项附加扣除每月 2 000 元,其他扣除每月 200 元,单位全年按规定已预扣预缴税款 1 800 元。

2. 2019 年 12 月份取得全年一次性奖金 60 000 元,按照不合并综合所得收入,计算缴纳个人所得税 5 790 元。

3. 2019 年 6 月份,在外单位讲课,取得劳务报酬含增值税 6 180

元，按规定代开发票缴纳增值税 180 元，附加 10.8 元，不考虑其他情况，单位已预扣预缴税款 957.84 元。

4. 8 月份，该居民个人取得一笔稿酬 8 000 元，已预缴税款 896 元。

5. 该居民个人 2019 年度每个月取得房租收入 15 000 元，不考虑其他情况，缴纳个人所得税 28 800 元。

6. 10 月份，该居民个人取得一笔特许权使用费 15 000 元，预缴税款 2 400 元。

第一种情况：全年一次性奖金按照不合并综合所得收入年度汇算。

年度汇算应退或应补税额 =［(综合所得收入额 - 60 000 元 - "三险一金"等专项扣除 - 子女教育等专项附加扣除 - 依法确定的其他扣除 - 捐赠) × 适用税率 - 速算扣除数］- 当年已预缴税额

1. 综合所得收入额 = 12 000 × 12 + (6 180 - 180) × (1 - 20%) + 8 000 × (1 - 20%) × 70% + 15 000 × (1 - 20%) = 165 280（元）

【提示点】该居民个人 2019 年度每个月取得房租收入不属于综合所得，不需要汇总综合所得年度汇算。

2. 年度汇算应纳税额 = (综合所得收入额 - 60 000 元 - "三险一金"等专项扣除 - 子女教育等专项附加扣除 - 依法确定的其他扣除 - 捐赠) × 适用税率 - 速算扣除数 = (165 280 - 60 000 - 1 200 × 12 - 2 000 × 12 - 200 × 12 - 10.8) × 10% - 2 520 = 3 926.92（元）

3. 年度汇算应退或应补税额 = 3 926.92 - (1 800 + 957.84 + 896 + 2 400) = -2 126.92（元）

该居民个人可按规定办理年度汇算申报，并提交退税 2 126.92 元申请。

第二种情况：全年一次性奖金按照合并综合所得收入年度汇算。

年度汇算应退或应补税额 =［(综合所得收入额 - 60 000 元 - "三险一金"等专项扣除 - 子女教育等专项附加扣除 - 依法确定的其他扣除 - 捐赠) × 适用税率 - 速算扣除数］- 当年已预缴税额

1. 综合所得收入额 = 12 000 × 12 + 60 000 + (6 180 - 180) × (1 - 20%) + 8 000 × (1 - 20%) × 70% + 15 000 × (1 - 20%) = 225 280（元）

2. 年度汇算应纳税额＝（综合所得收入额－60 000 元－"三险一金"等专项扣除－子女教育等专项附加扣除－依法确定的其他扣除－捐赠）×适用税率－速算扣除数＝（225 280－60 000－1 200×12－2 000×12－200×12－10.8）×10%－2 520＝9 926.92（元）

3. 年度汇算应退或应补税额＝9 926.92－（1 800＋957.84＋896＋2 400＋5 790）＝－1 916.92

该居民个人可按规定办理年度汇算申报，并提交退税 1 916.92 元申请。

对比两种方案，该居民个人应选择全年一次性奖金不合并综合所得收入，计算缴纳个人所得税。

知识点 085：年度汇算优惠政策选择

《个人所得税法》第五条规定，残疾、孤老人员和烈属的所得，可以减征个人所得税，具体幅度和期限，由省、自治区、直辖市人民政府规定，并报同级人民代表大会常务委员会备案。

财政部 税务总局公告 2019 年第 94 号文件第二条规定："残疾、孤老人员和烈属取得综合所得办理汇算清缴时，汇算清缴地与预扣预缴地规定不一致的，用预扣预缴地规定计算的减免税额与用汇算清缴地规定计算的减免税额相比较，按照孰高值确定减免税额。"

根据上述文件规定，减征具体幅度和期限，由省、自治区、直辖市人民政府规定，则各地区对残疾、孤老人员和烈属所得的减征优惠不尽相同，有限额减免，有比例减免。

如根据《四川省人民政府关于明确残疾、孤老人员和烈属所得减征个人所得税等有关政策的通知》（川府发〔2019〕26 号）规定，四川省采取限额减免方式，对残疾、孤老人员和烈属个人取得的综合所得和经营所得予以减征个人所得税。其中：残疾人限额减征年应纳个人所得税税额 6 000

元;孤老人员、烈属限额减征年应纳个人所得税税额10 000元。

另根据《内蒙古自治区人民政府关于明确我区残疾孤老人员和烈属所得等个人所得税政策的通知》(内政发〔2019〕3号)规定,内蒙古自治区采取的则是比例减免方式,残疾人员、烈属所得,减征50%的个人所得税;孤老人员所得,减征100%的个人所得税。前款政策无截止期限;所称所得包括工资、薪金所得,劳务报酬所得,稿酬所得,特许权使用费所得,经营所得,不包括利息、股息、红利所得,财产租赁所得,财产转让所得和偶然所得。纳税人同时符合残疾、孤老人员和烈属两种以上身份的,适用最优惠政策,不再叠加。

也就是说,如果一个居民个人综合所得的汇算清缴地与预扣预缴地不一致,其适用的减免税规定可能不同,从而计算出的减免税额也可能不尽相同。

需要提醒的是,财政部、国家税务总局公告2019年第94号第二条,相关政策中关于预扣预缴地没有"定语",没有限制是"工资薪金所得"的预扣预缴地,也就是说只要综合所得(含工资、薪金所得,劳务报酬所得,稿酬所得和特许权使用费所得)的预扣预缴地都可以。

【例】某居民个人(残疾人)2019年度取得以下综合所得:

(1)2019年度在北京市某公司任职,每月取得工资薪金所得20 000元,个人缴付"三险一金"2 000元,有两个上小学孩子,按规定可以每月可享受2 000元(全年24 000元)的子女教育专项附加扣除,不考虑其他情况,在北京地区,按应纳税额减征50%的个人所得税,全年预缴个人所得税5 340元;

(2)2019年8月份,取得广州某公司支付劳务报酬所得3 000元,不考虑其他情况,广州某公司预扣预缴个人所得税88元[(3 000 - 800)×20%×(1 - 80%)]。

该居民个人年终汇算清缴计算2019年度汇算应退或应补税额。

2019年度应纳税额=(综合所得收入额 - 60 000元 - "三险一金"等专项扣除 - 子女教育等专项附加扣除 - 依法确定的其他扣除 - 捐赠)×

适用税率 - 速算扣除数 = [20 000 × 12 + 3 000 × (1 - 20%) - 60 000 - 2 000 × 12 - 2 000 × 12 - 0 - 0] × 10% - 2 520 = 10 920（元）

预扣预缴地（广州市）规定计算的减免税额 10 920 × 80% = 8 736（元）

汇算清缴地（北京市）规定计算的减免税额 10 920 × 50% = 5 460（元）

用预扣预缴地规定计算的减免税额与用汇算清缴地规定计算的减免税额相比较，按照孰高值确定减免税额，即 8 736 元确定减免税额。

则 2019 年度汇算应退或应补税额 = (10 920 - 8 736) - (5 340 + 88) = -3 244 元

该居民个人可按规定办理年度汇算申报，并提交退税 3 244 元申请。

备注：《北京市财政局 北京市地方税务局关于残疾、孤老人员和烈属的所得减征个人所得税问题的通知》（京财税〔2006〕947 号）文件规定："一、持有区县以上民政部门、残联有效证件或证明的烈属、孤老人员和残疾人取得的下列所得，分别享受减征个人所得税优惠政策：个人取得的工资、薪金所得；劳务报酬所得；稿酬所得；特许权使用费所得，按应纳税额减征 50% 的个人所得税。

《广东省地方税务局关于广东省残疾人等个人所得税减征规定的公告》（广东省地方税务局公告 2016 年 8 号）规定，个人取得的工资薪金所得、劳务报酬所得、稿酬所得、特许权使用费所得，按应纳税额减征 80% 的个人所得税。

知识点 086：居民个人境外所得税收抵免

（一）居民个人和非居民个人的个人所得税征收范围

个人所得税法第一条规定："居民个人从中国境内和境外取得的所

得，依照本法规定缴纳个人所得税；非居民个人从中国境内取得的所得，依照本法规定缴纳个人所得税。"

【提示点】 在中国境内居住连续不满六年的无住所居民个人的特殊情况。个人所得税法实施条例第四条规定："在中国境内无住所的个人，在中国境内居住累计满183天的年度连续不满六年的，经向主管税务机关备案，其来源于中国境外且由境外单位或者个人支付的所得，免予缴纳个人所得税；在中国境内居住累计满183天的任一年度中有一次离境超过30天的，其在中国境内居住累计满183天的年度的连续年限重新起算。"

（二）来源于中国境内/境外所得判断

1. 来源于中国境内所得判断。

个人所得税法实施条例第三条规定："除国务院财政、税务主管部门另有规定外，下列所得，不论支付地点是否在中国境内，均为来源于中国境内的所得：

（1）因任职、受雇、履约等在中国境内提供劳务取得的所得；

（2）将财产出租给承租人在中国境内使用而取得的所得；

（3）许可各种特许权在中国境内使用而取得的所得；

（4）转让中国境内的不动产等财产或者在中国境内转让其他财产取得的所得；

（5）从中国境内企业、事业单位、其他组织以及居民个人取得的利息、股息、红利所得。"

2. 来源于中国境外的所得判断。

《财政部 税务总局关于境外所得有关个人所得税政策的公告》（财政部 税务总局公告2020年第3号）第一条规定："下列所得，为来源于中国境外的所得：

（1）因任职、受雇、履约等在中国境外提供劳务取得的所得；

（2）中国境外企业以及其他组织支付且负担的稿酬所得；

（3）许可各种特许权在中国境外使用而取得的所得；

（4）在中国境外从事生产、经营活动而取得的与生产、经营活动相关的所得；

（5）从中国境外企业、其他组织以及非居民个人取得的利息、股息、红利所得；

（6）将财产出租给承租人在中国境外使用而取得的所得；

（7）转让中国境外的不动产、转让对中国境外企业以及其他组织投资形成的股票、股权以及其他权益性资产（以下称权益性资产）或者在中国境外转让其他财产取得的所得。但转让对中国境外企业以及其他组织投资形成的权益性资产，该权益性资产被转让前三年（连续36个公历月份）内的任一时间，被投资企业或其他组织的资产公允价值50%以上直接或间接来自位于中国境内的不动产的，取得的所得为来源于中国境内的所得；

（8）中国境外企业、其他组织以及非居民个人支付且负担的偶然所得；

（9）财政部、税务总局另有规定的，按照相关规定执行。"

3. 仔细阅读政策，抓住政策关键词，把握各种所得境内外判断的关键点。

（1）因任职、受雇、履约提供劳务取得的所得，关键判断点是发生地在中国境内还是境外来判断属于中国境内还是境外的所得。

（2）稿酬所得，关键判断点是支付所得单位是中国境内企业/其他组织还是境外企业/其他组织来判断属于中国境内还是境外的所得。

（3）财产租赁所得，关键判断点是承租人使用地点在中国境内还是境外来判断属于中国境内还是境外的所得。

（4）特许权使用所得，关键判断点是使用地点在中国境内还是境外来判断属于中国境内还是境外的所得。

（5）利息、股息、红利所得，关键判断点是支付所得单位是中国境内企业/其他组织/居民个人还是境外企业或其他组织/非居民个人来判断属于中国境内还是境外的所得。

（6）转让财产所得，关键判断点是财产所在地是中国境内还是境外来判断属于中国境内还是境外的所得，还需要考虑一些特殊情况，如转让对中国境外企业以及其他组织投资形成的权益性资产的特殊情况和转让其他财产地点是境内还是境外来判断属于中国境内还是境外的所得等特殊情况。

（7）偶然所得，关键判断点是支付所得单位中国境内企业/其他组织/居民个人还是境外企业或其他组织/非居民个人来判断属于中国境内还是境外的所得。

（8）生产经营所得，关键判断点是在中国境内还是境外从事生产、经营活动来判断属于中国境内还是境外的所得。

（三）境外抵免具体规定

1. 境外抵免原则基本原则。

个人所得税法第七条规定："居民个人从中国境外取得的所得，可以从其应纳税额中抵免已在境外缴纳的个人所得税税额，但抵免额不得超过该纳税人境外所得依照本法规定计算的应纳税额。"

2. 境外已纳税额概念。

个人所得税法实施条例第二十一条规定："个人所得税法第七条所称已在境外缴纳的个人所得税税额，是指居民个人来源于中国境外的所得，依照该所得来源国家（地区）的法律应当缴纳并且实际已经缴纳的所得税税额。"

【提示点】政策规定"应当缴纳并且实际已经缴纳"，关键词是"并且"，说明同时满足两个条件，比如，应当缴纳但是税收返还的税款就不包括在内，再比如实际缴纳了但属于错缴的税款就不属于应当缴纳，也不包括在内。

3. 境外已纳税额的特殊情况。

财政部 税务总局公告 2020 年第 3 号第四条规定："可抵免的境外所得税税额，是指居民个人取得境外所得，依照该所得来源国（地区）税收法律应当缴纳且实际已经缴纳的所得税性质的税额。可抵免的境外所得税额不包括以下情形：

（1）按照境外所得税法律属于错缴或错征的境外所得税税额；

（2）按照我国政府签订的避免双重征税协定以及内地与香港、澳门签订的避免双重征税安排（以下统称税收协定）规定不应征收的境外所得税税额；

（3）因少缴或迟缴境外所得税而追加的利息、滞纳金或罚款；

（4）境外所得税纳税人或者其利害关系人从境外征税主体得到实际返还或补偿的境外所得税税款；

（5）按照我国个人所得税法及其实施条例规定，已经免税的境外所得负担的境外所得税税款。"

（四）应纳税额的计算：分项不分国

个人所得税法实施条例第二十条规定："居民个人从中国境内和境外取得的综合所得、经营所得，应当分别合并计算应纳税额；从中国境内和境外取得的其他所得，应当分别单独计算应纳税额。"

财政部 税务总局公告2020年第3号第二条规定："居民个人应当依照个人所得税法及其实施条例规定，按照以下方法计算当期境内和境外所得应纳税额：

（1）居民个人来源于中国境外的综合所得，应当与境内综合所得合并计算应纳税额；

（2）居民个人来源于中国境外的经营所得，应当与境内经营所得合并计算应纳税额。居民个人来源于境外的经营所得，按照个人所得税法及其实施条例的有关规定计算的亏损，不得抵减其境内或他国（地区）的应纳税所得额，但可以用来源于同一国家（地区）以后年度的经营所得按中国税法规定弥补；

（3）居民个人来源于中国境外的利息、股息、红利所得，财产租赁所得，财产转让所得和偶然所得（以下称其他分类所得），不与境内所得合并，应当分别单独计算应纳税额。"

【提示点】综合所得和经营所得是合并计算应纳税额，利息、股息、红利所得，财产租赁所得，财产转让所得和偶然所得是分别单独计算应纳税额。

（五）如何计算抵免额

1. 分项计算抵免税额。

财政部 税务总局公告2020年第3号第三条规定："居民个人在一个纳税年度内来源于中国境外的所得，依照所得来源国家（地区）税收法律规定在中国境外已缴纳的所得税税额允许在抵免限额内从其该纳税年度应纳税额中抵免。

居民个人来源于一国（地区）的综合所得、经营所得以及其他分类所得项目的应纳税额为其抵免限额，按照下列公式计算：

（1）来源于一国（地区）综合所得的抵免限额＝中国境内和境外综合所得依照财政部 税务总局公告2020年第3号公告第二条规定计算的综合所得应纳税额×来源于该国（地区）的综合所得收入额÷中国境内和境外综合所得收入额合计

（2）来源于一国（地区）经营所得的抵免限额＝中国境内和境外经营所得依照财政部 税务总局公告2020年第3号公告第二条规定计算的经营所得应纳税额×来源于该国（地区）的经营所得应纳税所得额÷中国境内和境外经营所得应纳税所得额合计

（3）来源于一国（地区）其他分类所得的抵免限额＝该国（地区）的其他分类所得依照财政部 税务总局公告2020年第3号公告第二条规定计算的应纳税额

（4）来源于一国（地区）所得的抵免限额＝来源于该国（地区）综合所得抵免限额＋来源于该国（地区）经营所得抵免限额＋来源于该国（地区）其他分类所得抵免限额"

【提示点】理解政策实务要点：

（1）综合所得的抵免限额分配是按照综合所得收入额分配，不是按收入也不是按应纳税所得额分配。

（2）经营所得的抵免限额是按照经营所得应纳税所得额分配，不是收入分配。

（3）利息、股息、红利所得，财产租赁所得，财产转让所得和偶然所得不需要分配，因为没有合并境内所得计税。

2. 抵免时分国不分项。

个人所得税法实施条例第二十一条规定："个人所得税法第七条所称纳税人境外所得依照本法规定计算的应纳税额，是居民个人抵免已在境外缴纳的综合所得、经营所得以及其他所得的所得税税额的限额（以下简称抵免限额）。除国务院财政、税务主管部门另有规定外，来源于中国境外一个国家（地区）的综合所得抵免限额、经营所得抵免限额以及其他所得抵免限额之和，为来源于该国家（地区）所得的抵免限额。

居民个人在中国境外一个国家（地区）实际已经缴纳的个人所得税税额，低于依照前款规定计算出的来源于该国家（地区）所得的抵免限额的，应当在中国缴纳差额部分的税款；超过来源于该国家（地区）所得的抵免限额的，其超过部分不得在本纳税年度的应纳税额中抵免，但是可以在以后纳税年度来源于该国家（地区）所得的抵免限额的余额中补扣。补扣期限最长不得超过五年。"

财政部　税务总局公告2020年第3号第六条规定："居民个人一个纳税年度内来源于一国（地区）的所得实际已经缴纳的所得税税额，低于依照财政部税务总局公告2020年第3号公告第三条规定计算出的来源于该国（地区）该纳税年度所得的抵免限额的，应以实际缴纳税额作为抵免额进行抵免；超过来源于该国（地区）该纳税年度所得的抵免限额的，应在限额内进行抵免，超过部分可以在以后五个纳税年度内结转抵免。"

3. 特殊情况

财政部　税务总局公告2020年第3号第五条规定："居民个人从与我国签订税收协定的国家（地区）取得的所得，按照该国（地区）税收法律享受免税或减税待遇，且该免税或减税的数额按照税收协定饶让条款规定应视同已缴税额在中国的应纳税额中抵免的，该免税或减税数额可作为居民个人实际缴纳的境外所得税税额按规定申报税收抵免。"

（六）资料补充

个人所得税法实施条例第二十二条规定："居民个人申请抵免已在境外缴纳的个人所得税税额，应当提供境外税务机关出具的税款所属年度的有关纳税凭证。"

（七）思路流程图

居民个人境外所得税收抵免流程如图14所示。

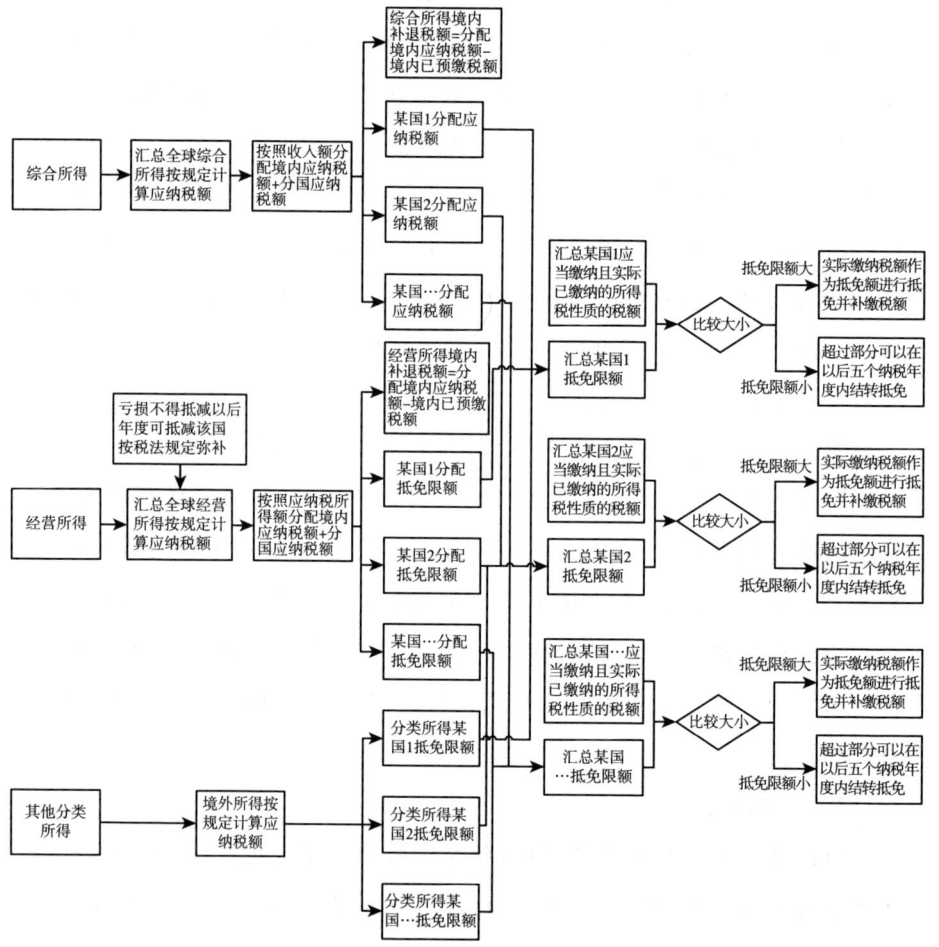

图14　居民个人境外所得税收抵免流程图

（八）具体案例

【例】某中国公民2019年度中国境内外所得如下：

1. 在境内所得。

（1）境内取得每月工资薪金所得收入1.8万元，个人缴付"三险一金"0.2万元，子女教育费等专项附加扣除0.36万元，按规定预扣预缴个人所得税0.636万元。

（2）取得全年一次性奖金收入20万元，取得时按照不并入综合所得计算缴纳个人所得税3.859万元。

（3）出版一本著作取得一次性稿酬所得8万元，按规定预扣预缴个人所得税0.896万元。

（4）取得一次性特许权使用费所得12万元，按规定预扣预缴个人所得税1.92万元。

（5）经营所得应纳税所得额100万元，已纳税28.45万元。

（6）境内房租收入40万元，已缴税6.4万元。

2. 在境外所得。

（1）在A国取得劳务报酬所得50万元，缴税10万元；经营所得应纳税所得额80万元，缴税25万元。

（2）在B国取得稿酬所得30万元，缴税4万元；经营所得－50万元，房租收入20万元，已缴税款2万元。

第一种情况：全年一次性奖金不并入综合所得单独缴纳个人所得税。

1. 计算抵免限额：

（1）全球综合所得应纳税额＝（1.8×12＋8×56%＋12×80%＋50×80%＋30×56%－6－0.2×12－0.36×12）×税率－速算扣除数＝79.76×35%－8.592＝19.324（万元）

A国综合所得的抵免限额＝19.324×（50×80%）÷（1.8×12＋8×56%＋12×80%＋50×80%＋30×56%）＝19.324×43.25%＝8.3581（万元）

B国综合所得抵免限额＝19.324×（30×56%）÷（1.8×12＋8×

56% + 12 × 80% + 50 × 80% + 30 × 56%) = 19.324 × 18.17% = 3.5104（万元）

中国境内综合所得汇算清缴应纳税额 = 19.324 ×（1.8 × 12 + 8 × 56% + 12 × 80%）÷（1.8 × 12 + 8 × 56% + 12 × 80% + 50 × 80% + 30 × 56%）= 19.324 × 50.61% = 7.4555（万元）

（2）经营所得抵免限额，由于有综合所得，其经营所得不再减除6万元、专项附加扣除等。

全球经营所得应纳税额 =（100 + 80）× 税率 - 速算扣除数 = 180 × 35% - 6.55 = 56.45（万元）

A国抵免限额 = 56.45 × 80 ÷（100 + 80）= 25.09（万元）

经营所得在中国汇算清缴应纳税额 = 56.45 × 100 ÷（100 + 80）= 31.36（万元）

（3）B国房租所得分类所得抵免限额 = 20 ×（1 - 20%）× 20% = 3.2（万元）

2. 计算税收抵免：

（1）A国税收抵免。

抵免限额 = 8.3581 + 25.09 = 33.4481（万元）

A国已纳税额 10 + 25 = 35（万元），当年不需补税，有1.5519万元需在以后年度内补扣。

（2）计算B国税收抵免。

抵免限额 = 3.5104 + 3.2 = 6.7104（万元）

B国已纳税额 = 4 + 2 = 6（万元），全部能够抵免，还需在境内补税0.7104万元（6.7104 - 6）

（3）在国内的汇算清缴：

综合所得需补税 = 7.4555 - 0.636 - 0.896 - 1.92 = 4.0035（万元）

经营所得需补税 = 31.36 - 28.45 = 2.91（万元）

第二种情况：假设该中国公民2019年个人所得税汇算清缴时，选择将全年一次性奖金并入综合所得计算缴税。

1. 计算抵免限额：

（1）全球综合所得应纳税额 =（1.8×12 + 8×56% + 12×80% + 20 + 50×80% + 30×56% − 6 − 0.2×12 − 0.36×12）×税率 − 速算扣除数 = 99.76×45% − 18.1920 = 26.7（万元）

A国综合所得的抵免限额 = 26.7×(50×80%)÷(1.8×12 + 8×56% + 12×80% + 20 + 50×80% + 30×56%) = 26.7×35.56% = 9.4950（万元）

B国综合所得抵免限额 = 26.7×(30×56%)÷(1.8×12 + 8×56% + 12×80% + 20 + 50×80% + 30×56%) = 26.7×14.94% = 3.9879（万元）

中国境内综合所得汇算清缴应纳税额 = 26.7×(1.8×12 + 8×56% + 12×80% + 20)÷(1.8×12 + 8×56% + 12×80% + 20 + 50×80% + 30×56%) = 26.7×49.50% = 13.2171（万元）

（2）经营所得抵免限额，由于有综合所得，其经营所得不再减除6万元、专项附加扣除等。

全球经营所得应纳税额 =（100 + 80）×税率 − 速算扣除数 = 180×35% − 6.55 = 56.45（万元）

A国抵免限额 = 56.45×80÷(100 + 80) = 25.09（万元）

经营所得在中国汇算清缴应纳税额 = 56.45×100÷(100 + 80) = 31.36（万元）

（3）B国房租所得分类所得抵免限额 = 20×(1 − 20%)×20% = 3.2（万元）

2. 计算税收抵免：

（1）A国税收抵免。

抵免限额 = 9.4950 + 25.09 = 34.5850（万元）

A国已纳税额 10 + 25 = 35（万元），当年不需补税，有0.415万元需在以后年度内补扣。

（2）计算B国税收抵免。

抵免限额 = 3.9879 + 3.2 = 7.1879（万元）

B 国已纳税额 = 4 + 2 = 6（万元），全部能够抵免，还需在境内补税 1.1879 万元（7.1879 - 6）。

（3）在国内的汇算清缴：

综合所得需补税 = 13.2171 - 0.636 - 0.896 - 1.92 - 3.859 = 5.9061（万元）

经营所得需补税 = 31.36 - 28.45 = 2.91（万元）

对比两种情况：

第一种情况需要补税：0.7104 + 4.0035 + 2.91 = 7.6239（万元），且 A 国有 1.5519 万元需在以后年度内补扣。

第二种情况需要补税：1.1879 + 5.9061 + 2.91 = 10.004（万元），且 A 国有 0.415 万元需在以后年度内补扣。

综上述计算结果，该居民个人应该选择按照全年一次性奖金不并入综合所得单独缴纳个人所得税更合适。

知识点 087：年度汇算办理方式

国家税务总局公告 2019 年第 44 号公告关于"六、办理方式"的规定：

"纳税人可自主选择下列办理方式：

（一）自行办理年度汇算。

（二）通过取得工资薪金或连续性取得劳务报酬所得的扣缴义务人代为办理。纳税人向扣缴义务人提出代办要求的，扣缴义务人应当代为办理，或者培训、辅导纳税人通过网上税务局（包括手机个人所得税 APP）完成年度汇算申报和退（补）税。由扣缴义务人代为办理的，纳税人应在 2020 年 4 月 30 日前与扣缴义务人进行书面确认，补充提供其 2019 年度在本单位以外取得的综合所得收入、相关扣除、享受税收优惠等信息资料,并对所提交信息的真实性、准确性、完整性负责。

(三)委托涉税专业服务机构或其他单位及个人(以下称"受托人")办理,受托人需与纳税人签订授权书。

扣缴义务人或受托人为纳税人办理年度汇算后,应当及时将办理情况告知纳税人。纳税人发现申报信息存在错误的,可以要求扣缴义务人或受托人办理更正申报,也可自行办理更正申报。"

根据上述文件规定,通俗地讲,年度汇算有三种方式:自己办、单位办、请人办。

一是自行办理年度汇算,即纳税人可以自行办理年度汇算。

二是可向纳税年度支付工资薪金的单位提出申请,通过其代为办理。如果纳税人是保险营销员、证券经纪人,也可通过纳税年度内向纳税人支付连续性取得劳务报酬所得的保险公司、证券公司代为办理。

三是可以委托涉税专业服务机构或其他单位及个人代为办理,受托人需与纳税人签订授权书并妥善留存。

【提示点】自然人电子税务局中有综合所得汇算清缴【集中申报】业务功能,在【集中申报】菜单中,扣缴义务人可以为居民纳税人进行综合所得汇算清缴申报。

扫码登录或输入账号密码登录【自然人电子税务局】,如图15所示。

图15 自然人电子税务局有关操作示意图(1)

登录自然人电子税务局后,点击【单位办税】进入【集中申报】办税菜单,如图16所示。

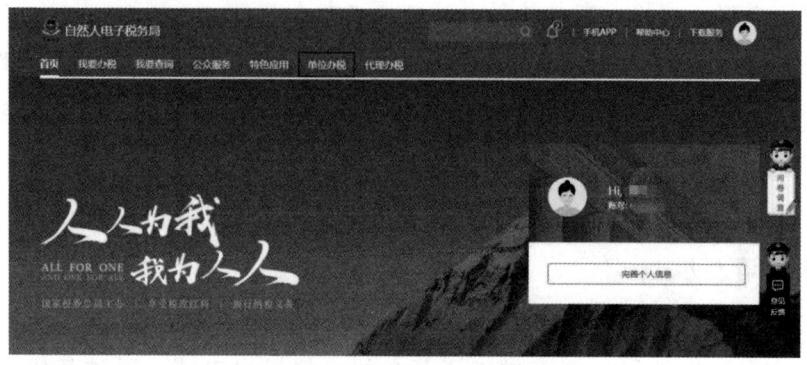

图16 自然人电子税务局有关操作示意图(2)

注意事项:有单位办税授权或申报密码的,才能进行单位办税。具体操作流程和注意事项,请到自然人电子税务局网站下载《自然人电子税务局集中申报用户操作手册》。

三是可以委托涉税专业服务机构或其他单位及个人代为办理,受托人需与纳税人签订授权书并妥善留存。

【提示点】自然人电子税务局中有综合所得汇算清缴【委托申报】业务功能,在【委托申报】菜单中,受托机构可以为居民纳税人进行综合所得汇算清缴申报。

扫码登录或输入账号密码登录【自然人电子税务局】,如图17所示。

图17 自然人电子税务局有关操作示意图(3)

登录自然人电子税务局后,点击【代理办税】进入【委托申报】办税菜单,如图18所示。

图18 自然人电子税务局有关操作示意图(4)

注意事项:有受托机构办税授权的,才能进行委托申报。其中,申报过程中在人员信息录入完成后,点击【提交】按钮,系统会对受托机构能否为该纳税人办理委托申报进行校验,如图19所示。

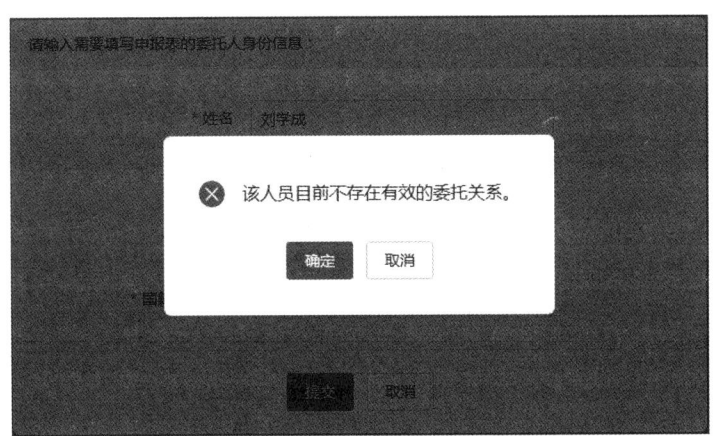

图19 自然人电子税务局有关操作示意图(5)

委托关系校验通过的,可以进行申报表填写与保存。

具体操作流程和注意事项,请到自然人电子税务局网站下载《自然人电子税务局委托申报用户操作手册》。

知识点088：单位办理年度汇算关键点

国家税务总局公告2019年第44号文件规定："通过取得工资薪金或连续性取得劳务报酬所得的扣缴义务人代为办理。纳税人向扣缴义务人提出代办要求的，扣缴义务人应当代为办理，或者培训、辅导纳税人通过网上税务局（包括手机个人所得税APP）完成年度汇算申报和退（补）税。由扣缴义务人代为办理的，纳税人应在2020年4月30日前与扣缴义务人进行书面确认，补充提供其2019年度在本单位以外取得的综合所得收入、相关扣除、享受税收优惠等信息资料，并对所提交信息的真实性、准确性、完整性负责。"

根据上述文件规定，政策实务关键点：

1. 扣缴义务人的限制。

政策规定"工资薪金或连续性取得劳务报酬所得的扣缴义务人"，仅仅是支付工资薪金和支付保险营销员、证券经纪人连续性取得劳务报酬所得的扣缴义务人，比如支付讲课费等非连续性劳务报酬所得、支付稿酬所得、支付特许权使用费所得的扣缴义务人，不在上述政策规定范围之内。

注意：进入【集中申报】办税菜单，点击【添加】按钮添加待申报人员。人员信息录入完成后，点击【确定】按钮，系统会对扣缴单位能否为该纳税人办理集中申报进行校验，如图20所示。纳税年度内，未由扣缴义务人申报过正常工资薪金所得、外籍人员正常工资薪金、保险营销员佣金收入或证券经纪人佣金收入的纳税人不允许集中申报（添加）。

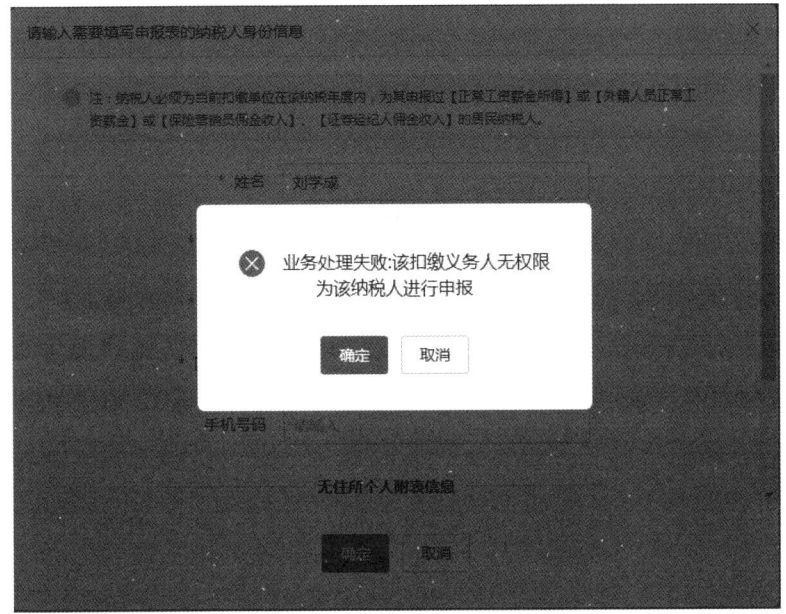

图 20　自然人电子税务局有关操作示意图（6）

2. 扣缴义务人办理的前提。

（1）政策规定"纳税人向扣缴义务人提出代办要求的，扣缴义务人应当代为办理"，扣缴义务人办理的前提是"纳税人向扣缴义务人提出代办要求"，纳税人未向扣缴义务人提出代办要求，扣缴义务人可以不办理。

（2）扣缴义务人集中办理综合所得汇算清缴的前提是纳税人尚未办理年度申报，纳税人已自行申报的，扣缴单位不得再进行申报或者更正、作废申报。

【提示点】纳税人如果已要求扣缴义务人为其集中办理综合所得汇算清缴，同样也可以自行申报或者作废扣缴义务人集中申报记录后重新申报。纳税人同样也可以自行发起汇算清缴申报后的补退税，但已在补退税流程中除外。

3. 扣缴义务人办理的确认。

由扣缴义务人代为办理的，纳税人应在 2020 年 4 月 30 日前与扣缴义务人进行书面确认。

综合所得个人所得税汇算清缴
承诺声明（仅供参考）

索引号：（建议按单位+部门+员工编号）

_____公司：

本人（姓名）（身份证/纳税人识别号：_____）就年度综合所得个人所得税汇算清缴有关情况声明如下（二选一）：

1. 本人(姓名)选择自行办理汇算清缴；

2. 本人(姓名)选择委托公司（统一社会信用代码：_____）办理汇算清缴。本人承诺，如实提供本人纳税年度完整的综合所得收入、扣除、优惠等信息资料，并对其真实性、准确性、完整性负责。本人将承担因提供资料虚假所产生的一切损失。

承诺人（签名）：

身份证/纳税人识别号：

承诺日期：　　年　月　日

综合所得个人所得税汇算清缴
代理授权委托书（仅供参考）

国家税务总局******税务局：

兹委托（统一社会信用代码：_____）办理（姓名）（身份证/纳税人识别号：_____）综合所得个人所得税汇算清缴纳税申报事项。

委托人和代理人承诺严格遵守有关税收法律法规。

委托期限自____年____月____日至____年____月____日。

委托人（签名）：

身份证/纳税人识别号：

联系方式：

授权日期：　　年　月　日

4. 扣缴义务人需要收集资料

个人补充提供其汇算清缴的年度在本单位以外取得的综合所得收入、相关扣除、享受税收优惠等信息资料，建议按照申报表样式填报且由个人统一填写和签字确认。

5. 扣缴义务人办理的责任的划分

个人对所提交信息的真实性、准确性、完整性负责。

6. 集中办理汇缴不支持逾期办理。扣缴义务人为纳税人办理汇算清缴，应在 6 月 30 日前代为填报相关表单以及办理后续的补退税等相关事项。

知识点 089：年度汇算办理渠道

为便利纳税人，推荐通过网上税务局（手机个人所得税 APP 或网上税务局 WEB 端）办理年度汇算；通过该方式申报的，税务机关将按一定规则给纳税人提供申报表预填服务，以及申报提示提醒和办税进度查询等服务。

不方便通过上述方式办理的，纳税人也可以选择邮寄申报，或者办税服务厅申报。这两种方式下，因受理、录入、审核等环节需要必要时间，纳税人办税的时效性（如获得退税时间），比网络申报时间相对长一些。

知识点 090：年度汇算时间

个人所得税法第十一条规定："居民个人取得综合所得，按年计算个人所得税；有扣缴义务人的，由扣缴义务人按月或者按次预扣预缴税款；需要办理汇算清缴的，应当在取得所得的次年三月一日至六月三十日内办理汇算清缴。预扣预缴办法由国务院税务主管部门制定。"

《国家税务总局关于个人所得税自行纳税申报有关问题的公告》（国家税务总局公告2018年第62号）第五条规定："纳税人因移居境外注销中国户籍的，应当在申请注销中国户籍前，向户籍所在地主管税务机关办理纳税申报，进行税款清算。

纳税人在注销户籍年度取得综合所得的，应当在注销户籍前，办理当年综合所得的汇算清缴，并报送'个人所得税年度自行纳税申报表'。尚未办理上一年度汇算的，应当在办理注销户籍纳税申报时一并办理。"

【补充点】 纳税人因移居境外注销中国户籍如何进行个人所得税纳税申报。

纳税人因移居境外注销中国户籍的，应当在注销中国户籍前，向户籍所在地主管税务机关办理纳税申报。

1. 取得综合所得、经营所得：应当在注销中国户籍前，办理当年度综合所得、经营所得的汇算清缴。尚未办理上一年度综合所得、经营所得汇算清缴的，应当在办理注销中国户籍纳税申报时一并办理汇算清缴。

2. 取得利息、股息、红利所得，财产租赁所得，财产转让所得和偶然所得：应当在注销中国户籍前，申报当年上述所得的完税情况。

3. 存在分期缴税情形且尚未缴纳完毕：应当在注销中国户籍前，结清尚未缴纳的税款。

4. 存在未缴或少缴税款：应当在注销户籍前，结清欠缴或未缴的税款。

纳税人办理注销户籍纳税申报时，需要办理专项附加扣除、依法确定的其他扣除的，应当向税务机关报送"个人所得税专项附加扣除情况表""商业健康保险税前扣除情况明细表""个人税收递延型商业养老保险税前扣除情况明细表"等。纳税人在注销户籍当年取得经营所得的,应当向税务机关报送截至纳税申报时的"个人所得税经营所得纳税申报表(A 表)"或者"个人所得税经营所得纳税申报表(B 表)"。

知识点 091:年度汇算清缴地

接受年度汇算申报的税务机关,即为纳税人的年度汇算清缴地,该地点负责受理纳税人的纳税申报以及后续服务和管理工作。纳税人汇缴申报表提交后,一般情况下,不可以变更汇算清缴地。具体规定如下:

(一)纳税人自行办理或受托人为纳税人代为办理年度汇算

按照方便就近原则,纳税人自行办理或受托人为纳税人代为办理年度汇算的:

1. 向纳税人任职受雇单位所在地的主管税务机关申报;

2. 有两处及以上任职受雇单位的,可自主选择向其中一处单位所在地的主管税务机关申报;

【例】某居民个人,2019 年 1~8 月份在上海地区甲公司工作,2019 年 9~11 月份在家待业,2019 年 12 月份在北京地区乙公司工作,自主选择向其中上海任职单位甲公司或北京任职单位乙公司所在地的主管税务机关申报。

3. 纳税人没有任职受雇单位的,向其户籍所在地或者经常居住地的主管税务机关申报。

【提示点】经常居住地,是指纳税人离开户籍所在地最后连续居住 1 年以上的地方。

4. 没有任职受雇单位,且汇算清缴时已不在中国境内居住的,为支付或者负担综合所得的境内单位和个人所在地。纳税人取得多处综合所得的,选择其中一处办理汇算清缴。

（二）扣缴义务人在年度汇算期内为纳税人办理年度汇算的，向扣缴义务人的主管税务机关申报。

【例】某居民个人，2019年1～8月份在上海地区甲公司工作，2019年9～11月份在家待业，2019年12月份在北京地区乙公司工作：

（1）该居民个人选择扣缴义务人上海地区甲公司为纳税人办理年度汇算的，甲公司应该向其主管税务机关申报；

（2）该居民个人选择扣缴义务人北京地区乙公司为纳税人办理年度汇算的，乙公司应该向其主管税务机关申报。

年度汇算清缴地选择如图21所示。

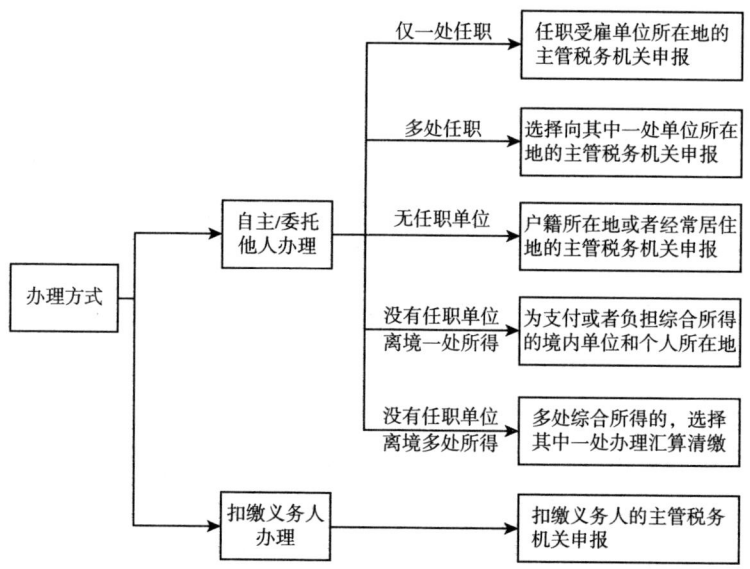

图21 年度汇算清缴地选择示意图

【提示点】个人可以通过个人所得税APP端汇缴地选择规则：

（1）有任职受雇单位时。

如果纳税人纳税年度内有多家任职受雇单位，则下拉框显示多条任职受雇单位，根据选择的任职受雇单位带出主管税务机关。

如果纳税人纳税年度内只有一家任职受雇单位，则默认显示任职受雇单位，主管税务机关，不可选择。

（2）无任职受雇单位时。

汇缴地可选"户籍地、经常居住地"，地址信息取值于个人信息中的户籍所在地、经常居住地，根据选择相应带出，支持修改。

知识点092：年度汇算填报需要准备资料

一般情况下，仅需填报年度汇算申报表即可。如纳税人有一些特殊事项，如需要办理符合条件的扣除的，还需一并报送相关必要信息。如享受专项附加扣除，需填报专项附加扣除信息表；如扣除符合条件的公益慈善性捐赠支出，还需报送捐赠支出表等。

【提示点】1. 如纳税人通过网络申报，这些信息仅需填报即可，无须向税务机关提交纸质资料。

2. 专项附加扣除要求的资料仅仅是"备查"，申报时一般不需要提交，如纳税人接受技能人员职业资格继续教育、专业技术人员职业资格继续教育的，应当留存相关证书等资料备查，纳税人需要留存备查的相关资料应当留存五年。

3. 请确保纳税人填报的信息资料完整、准确、真实，否则可能会影响纳税人及时获取退税或者纳税人的纳税信用。

4. 如果税务局发现纳税人的申报信息资料不完整、不准确，需要纳税人在规定时间内补充或者修改相关信息资料。

知识点093：单位代办年度汇算需要准备资料

纳税人由工资薪金或连续性取得劳务报酬所得的扣缴义务人代办年

度汇算，需要与代办扣缴义务人进行确认，说明需要由扣缴义务人代办，并表明是否需要扣缴义务人代为申请退税或者代为缴税。该确认书纳税人需与代办扣缴义务人各自留存好备查即可，无须向税务机关提供。

如果纳税人有扣缴义务人不掌握的收入或者扣除项目的，还需一并提供给代办扣缴义务人。

除此之外，无须向代办扣缴义务人提供其他资料，如专项附加扣除等资料。

知识点094：委托第三方办理年度汇算需要准备资料

如纳税人委托第三方办理年度汇算，为确保纳税人的权益不受影响，除纳税申报表等必要申报资料信息外，还需提供双方签订的授权委托书以及双方有效证照复印件等。

请确保年度汇算填报的信息资料完整、准确、真实，否则可能会影响纳税人及时获取退税或者纳税人的纳税信用。

【提示点】个人可通过个人所得税APP端委托第三方办理，具体操作步骤：可点击【办税】-【委托代理关系管理】进行建立和管理。

使用居民身份证进行注册的，选择委托年度后，可进入表单填写页面；使用其他证件注册的，需要选择委托年度，填写境内累计居住天数，才可进入表单填写页面；

用户可以选择已经在局端开通过该项服务的受托机构；表单必填项填写完毕后，则完成了委托，待受托机构相关人员接受委托后，该委托生效，如图22所示。

图 22 个人所得税 APP 端委托第三方办理示意图

知识点 095：年度汇算退税

1. 依法申请退税是纳税人的权利。

税收征管法规定纳税人依法享有退税的权利。从充分保障纳税人权益的角度出发，只要纳税人因为平时扣除不足或未申报扣除等原因导致多预缴了税款，无论收入高低，无论退税额多少，纳税人都可以申请退税。

2. 退税程序。

如果纳税人综合所得年度汇算后，属于可退税情形，纳税人需要提出退税申请，并填报中国境内开设的符合条件的银行账户，按规定审核后，及时将税款退还给纳税人。具体有四步：

（1）填写完申报表后，选择申请退税，只要纳税人在申报表的相应栏次勾选"申请退税"，即完成了提交；

（2）准确、完整填写本人在中国境内有效银行卡信息；

（3）等待税务局和国库部门的核实，期间可以查询退税进度；

（4）收到退税款。

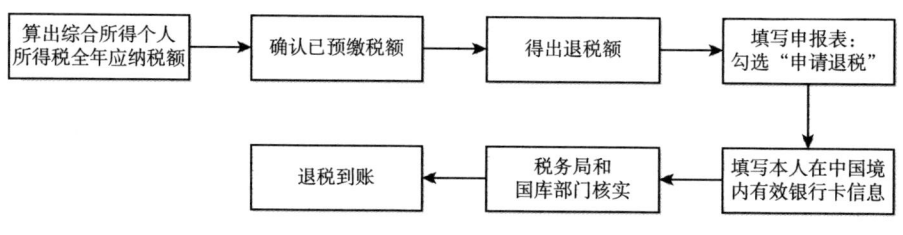

图 23　年度汇算退税示意图

个人所得税 APP 截图如图 24 所示：

图 24　个人所得税 APP 操作示意图

3. 退税账户。

纳税人的退税申请经审核通过后，税款将退至纳税人填报的本人在中国境内有效的银行账户中。

【提示点】无论扣缴义务人还是委托涉税专业服务机构或其他单位及个人办理，税款将退至纳税人填报的本人在中国境内有效的银行账户中。

4. 有效的银行账户。

为确保纳税人及时准确收到退税，建议纳税人使用银行柜面开立的银行卡办理退税。同时，为确保纳税人提供的银行账户是有效的，建议纳税人尽早通过个人所得税 APP 填报账户信息，税务机关将与银行进行确认，如有问题会及时通知纳税人更正。

通俗地说，个人所得税 APP 填报账户信息时，税务机关确认填报的账户，就是有效的银行账户。

5. 退税时限。

如果纳税人通过网络方式申请退税的，除纳税人填报错误或存在高风险事项外，税务机关在 7~10 个工作日内做出是否退税决定，之后由国库办理退税。

需要提醒的是，如果是邮寄申报，或者经审核属于高风险申报的，因为需要录入、审核、资料传递以及与纳税人沟通确认等原因，退税时间将会延长一些。

6. 放弃退税。

依据税收征管法，纳税人即使当期放弃退税，3年内可申请退还。

知识点096：如何便捷退税

在为纳税人提供便捷申报的基础上，对年度综合所得收入额不超过6万元，但因月度间工资薪金收入不均衡，或者取得劳务报酬、稿酬、特许权使用费所得，偶发性被预扣预缴了个人所得税的纳税人，因其事项更简单，为使纳税人尽早获得退税，税务机关推出网上便捷退税功能，税务机关将推送服务提示、预填简易申报表，纳税人只需确认已预缴税额、填写本人银行账户信息，即可通过网络实现快捷申请退税。

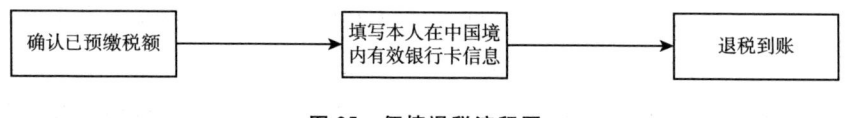

图25 便捷退税流程图

同时，为让纳税人方便获取退税，建议这部分纳税人在3月1日至5月31日期间，通过简易方式办理退税。

【例】某居民个人无任职单位，2019年度取得两次劳务报酬所得分别为30 000元和28 000元，无其他综合所得收入，不考虑特殊情况，支付单位分别扣缴税款5 200元和4 720元，由于其年度综合所得收入额不超过6万元，综合所得年度应纳税额为0元，其可以按照便捷退税申请退税9 920元。

实务中的关键点：

（1）简易申报指在上年度内取得的收入额未超过6万元且已预缴税款，可通过简易申报申请退税。其中收入额＝工资薪金收入＋劳务报酬收入＋稿酬收入＋特许权使用费收入－费用合计－稿酬免税部分。

（2）"简易申报"时间为次年3月1日至5月31日。次年6月1日起将通过"标准申报"办理。

（3）如果纳税人收入额未超过6万元且已预缴税款，则申报会自动进入简易申报流程。个人所得税APP会弹框显示"简易申报提醒"，如图26所示，勾选"我已知晓并同意"，点击"进入申报"，则进入简易申报主页面。

图26　简易申报操作示意图

知识点 097：申请开具个人所得税《纳税记录》

《国家税务总局关于将个人所得税〈税收完税证明〉（文书式）调整为〈纳税记录〉有关事项的公告》（国家税务总局公告 2018 年第 55 号）规定，为了适应个人所得税制度改革需要，自 2019 年 1 月 1 日起，国家税务总局决定将个人所得税《税收完税证明》（文书式）调整为《纳税记录》。

1. 开具范围。

纳税人可就其税款所属期为 2019 年 1 月 1 日（含）以后的个人所得税税缴（退）税情况，向税务机关申请开具个人所得税《纳税记录》。

税款所属期为 2018 年 12 月 31 日（含）以前的个人所得税税缴（退）税情况，税务机关继续开具个人所得税《税收完税证明》（文书式）。

2. 开具方式。

纳税人可通过电子税务局、个人所得税 APP、办税服务厅等渠道申请开具本人的个人所得税《纳税记录》。

纳税人可以委托他人代为开具。由于个人所得税《纳税记录》涉及纳税人敏感信息，为更好地保护纳税人隐私，代为开具将实行更为严格的管理：一是受托人必须到办税服务厅办理，其他渠道不提供代为开具服务；二是受托人须提供本人和委托人有效身份证件原件以及委托人签发的书面授权，确保授权的真实性和合法性。

3. "零纳税"情形下《纳税记录》的开具。

"零纳税"是指纳税人取得了应税收入但未达到起征点而没有实际缴纳税款的情形，在这种情形下仍然可以开具《纳税记录》。不会因税法修订或起征点提高而中断纳税人的纳税记录。

4. 信息验证。

为防止篡改、伪造个人所得税《纳税记录》，税务机关提供两种验证服务。一是纳税人、政府部门和其他第三方可以通过扫描个人所得税《纳税记录》中的二维码对相关信息进行验证；二是个人所得税《纳税记录》中还设有验证码，也可以通过登陆电子税务局对个人所得税《纳税记录》进行验证。

5. 异议处理。

纳税人对个人所得税《纳税记录》存在异议的，可通过电子税务局、个人所得税 APP 渠道申请核实。纳税人也可到异议信息列明的税务机关申请核实。

6. 式样说明。

个人所得税《纳税记录》因不同打印设备造成的色差，不影响使用效力。

知识点 098：关于新冠肺炎疫情的个人所得税实务

（一）疫情防控人员临时性工作补助和奖金免征个人所得税

《财政部　税务总局关于支持新型冠状病毒感染的肺炎疫情防控有关个人所得税政策的公告》（财政部　税务总局公告 2020 年第 10 号）规定，自 2020 年 1 月 1 日起（截止日期视疫情情况另行公告），对参加疫情防治工作的医务人员和防疫工作者按照政府规定标准取得的临时性工作补助和奖金，免征个人所得税。政府规定标准包括各级政府规定的补助和奖金标准。

对省级及省级以上人民政府规定的对参与疫情防控人员的临时性工作补助和奖金，比照执行。

需要提醒的是，没有规定资金来源必须是财政性资金，只要是按照政府规定标准发放的临时性工作补助和奖金都可以适用。

【例】《安徽省人民政府办公厅关于印发〈应对新型冠状病毒肺炎疫情若干政策措施〉的通知》(皖政办明电〔2020〕6号)规定,按照一类补助标准,对于直接接触待排查病例或确诊病例,诊断、治疗、护理、医院感染控制、病例标本采集和病原检测等工作相关人员,按照每人每天300元予以补助;对于参加疫情防控的其他医务人员和防疫工作者,按照每人每天200元予以补助。对参与疫情一线应急处置的医疗卫生人员给予一次性慰问补助,在享受临时性工作补助的基础上,再给予每人6 000元的一次性慰问补助。

某公司为安徽省一家物业公司,疫情期间组织人员在小区门口进行体温检测和出入人员登记,每人每天发放200元补助,免个人所得税。

【例】云南省楚雄彝族自治州人力资源和社会保障局规定,事业单位及其主管部门、事业单位人事综合管理部门对于在疫情防控中表现突出、作出较大(重大)贡献、发挥模范带头作用或对疫情防控工作产生较大影响的事业单位工作人员和集体,特别是奋战在疫情防控一线的事业单位工作人员和集体,可根据《事业单位工作人员奖励规定》(人社部规〔2018〕4号)有关规定进行及时奖励。对于获得嘉奖、记功、记大功的事业单位工作人员分别给予1 500元、3 000元、12 000元的一次性奖金;也可追加其他物质奖励,原则上不超过上述一次性奖金对应标准额度。经批准的奖励所需经费按规定渠道解决。

上述一次性奖金免个人所得税。

(二)单位发给个人用于预防新冠病毒肺炎的实物免征个人所得税

《财政部 税务总局关于支持新型冠状病毒感染的肺炎疫情防控有关个人所得税政策的公告》(财政部 税务总局公告2020年第10号)规定,自2020年1月1日起(截止日期视疫情情况另行公告),单位发给个人用于预防新冠肺炎的药品、医疗用品和防护用品等实物(不包括现金),不计入工资、薪金收入,免征个人所得税。

需要提醒的是,关于单位发给个人用于预防新型冠状病毒感染的肺炎的药品、医疗用品和防护用品等实物,明确规定"不包括现金"。

【例】某单位每天给每位员工发放一个口罩和一副手套，用于预防新冠病毒肺炎，发放的这部分物品，员工不需要并入工资薪金计算缴纳个人所得税。

【例】由于疫情严重，某单位给每位上班的员工发放疫情补贴，需要并入工资薪金缴纳个人所得税。

还需要提醒的是，物品的用途是用于预防新冠肺炎，如果是其他用途的物品需要，按规定并入工资薪金缴纳个人所得税。

【例】某单位于2020年元宵节给每位员工发一盒元宵，需要并入员工工资薪金计算缴纳个人所得税，单位按规定预扣预缴个人所得税。

（三）捐赠用于疫情防控的现金和物品符合条件全额扣除

《财政部 税务总局关于支持新型冠状病毒感染的肺炎疫情防控有关捐赠税收政策的公告》（财政部 税务总局公告2020年第9号）规定，自2020年1月1日起（截止日期视疫情情况另行公告），企业和个人通过公益性社会组织或者县级以上人民政府及其部门等国家机关，捐赠用于应对新冠肺炎疫情的现金和物品，允许在计算应纳税所得额时全额扣除。

企业和个人直接向承担疫情防治任务的医院捐赠用于应对新冠肺炎疫情的物品，允许在计算应纳税所得额时全额扣除。

根据上述文件规定，相较于现行政策，为鼓励个人等社会力量积极向疫情防控事业捐赠，尽快战胜疫情，这次出台的疫情捐赠所得税政策主要有两个方面的突破。

第一个方面主要是突破了比例的限制。政策明确，个人通过公益性社会组织或者县级以上人民政府及其部门等国家机关，捐赠应对疫情的现金和物品，允许在计算应纳税所得额时全额扣除。

第二个方面主要是突破了程序的限制。考虑到疫情紧急，政策规定，个人直接向承担疫情防控任务的医院捐赠用于应对疫情的物品，允许在计算应纳税所得额时全额扣除。其中捐赠对象为向承担疫情防治任务的医院，不是所有的医院，也不仅仅是湖北地区的医院，建议查询当地卫生健康委员会官方网站，获取承担疫情防治任务的医院的名单。

【例】北京确定了北京地坛医院等 20 家新型冠状病毒感染的肺炎定点医院，负责确诊病例的医疗救治工作，个人直接向上述 20 家新型冠状病毒感染的肺炎定点医院捐赠应对疫情物品，允许在个人所得税税前全额扣除。

再者考虑到疫情紧急，捐赠人凭承担疫情防治任务的医院开具的捐赠接收函办理税前扣除事宜。

实践中，捐赠接收函没有固定格式要求，建议捐赠接收函需要有接受捐赠医院加盖公章，并注明接收人、捐赠物品名称、型号、数量以及捐赠方全称等内容，捐赠物资品类较多时，可以清单形式作为附件。接受医院无法证明物品价值，捐赠接收函没有注明物品价值。

知识点 099：个人所得税税率

（一）个人所得税税率基本规定

1. 居民个人的综合所得，以每一纳税年度的收入额减除费用六万元以及专项扣除、专项附加扣除和依法确定的其他扣除后的余额，为应纳税所得额，适用百分之三至百分之四十五的超额累进税率（详见个人所得税税率表一）；

居民个人取得综合所得，按年计算个人所得税；有扣缴义务人的，由扣缴义务人按月或者按次预扣预缴税款（详见个人所得税预扣率表三）。

2. 非居民个人的工资、薪金所得，以每月收入额减除费用五千元后的余额为应纳税所得额；劳务报酬所得、稿酬所得、特许权使用费所得，以每次收入额为应纳税所得额。依照《个人所得税税率表一（综合所得适用）》按月换算后（详见个人所得税税率表四）计算应纳税额。

3. 经营所得，以每一纳税年度的收入总额减除成本、费用以及损失后的余额，为应纳税所得额，适用百分之五至百分之三十五的超额累进税率（详见个人所得税税率表二）。

4. 财产租赁所得，每次收入不超过四千元的，减除费用八百元；四千元以上的，减除百分之二十的费用，其余额为应纳税所得额，适用比例税率，税率为百分之二十。

5. 财产转让所得，以转让财产的收入额减除财产原值和合理费用后的余额，为应纳税所得额，适用比例税率，税率为百分之二十。

6. 利息、股息、红利所得和偶然所得，以每次收入额为应纳税所得额，适用比例税率，税率为百分之二十。

个人所得税各税率表速算扣除数及适用范围

个人所得税税率表一

（综合所得适用）

级数	全年应纳税所得额	税率（%）	速算扣除数
1	不超过 36 000 元的	3	0
2	超过 36 000 元至 144 000 元的部分	10	2 520
3	超过 144 000 元至 300 000 元的部分	20	16 920
4	超过 300 000 元至 420 000 元的部分	25	31 920
5	超过 420 000 元至 660 000 元的部分	30	52 920
6	超过 660 000 元至 960 000 元的部分	35	85 920
7	超过 960 000 元的部分	45	181 920

注1. 适用居民个人取得综合所得，综合所得以每一纳税年度收入额减除费用六万元以及专项扣除、专项附加扣除和依法确定的其他扣除后的余额；

注2. 适用居民个人工资、薪金所得预扣预缴按照累计预扣法计算预扣税款；

注3. 适用在 2021 年 12 月 31 日前，居民个人取得全年一次性奖金如选择并入当年综合所得计算缴纳税款；

注4. 适用自 2022 年 1 月 1 日起，居民个人取得全年一次性奖金并入当年综合所得计算缴纳个人所得税计算缴纳税款；

注5. 在 2021 年 12 月 31 日前，居民个人取得股票期权、股票增值权、限制性股票、股权奖励等股权激励，符合相关规定条件，不并入当年综合所得，全额单独适用综合所得税率表计算缴纳税款；

注6. 个人达到国家规定的退休年龄，领取的企业年金、职业年金，按年领取的，适用综合所得税率表计算缴纳税款。

个人因出境定居而一次性领取的年金个人账户资金，或个人死亡后，其指定的受益人或法定继承人一次性领取的年金个人账户余额，适用综合所得税率表计算缴纳税款。

注7. 个人与用人单位解除劳动关系取得一次性补偿收入（包括用人单位发放的经济补偿金、生活补助费和其他补助费），在当地上年职工平均工资 3 倍数额以内的部分，免征个人所得税；超过 3 倍数额的部分，不并入当年综合所得，单独适用综合所得税率表，计算纳税。

注8. 个人办理提前退休手续而取得的一次性补贴收入，应按照办理提前退休手续至法定离退休年龄之间实际年度数平均分摊，确定适用税率和速算扣除数，单独适用综合所得税率表，计算纳税。

个人所得税税率表二

(经营所得适用)

级数	全年应纳税所得额	税率（%）
1	不超过 30 000 元的	5
2	超过 30 000 元至 90 000 元的部分	10
3	超过 90 000 元至 300 000 元的部分	20
4	超过 300 000 元至 500 000 元的部分	30
5	超过 500 000 元的部分	35

经营所得适用，本表所称全年应纳税所得额是指依照本法第六条的规定，以每一纳税年度的收入总额减除成本、费用以及损失后的余额。

个人所得税预扣率表三

级数	预扣预缴应纳税所得额	预扣率（%）	速算扣除数
1	不超过 20 000 元的	20	0
2	超过 20 000 元至 50 000 元的部分	30	2 000
3	超过 50 000 元的部分	40	7 000

注1. 适用居民个人劳务报酬所得预扣预缴。

注2. 单位或个人向居民个人支付稿酬所得、特许权使用费所得时，应当按照以下方法按次或者按月预扣预缴税款：

稿酬所得、特许权使用费所得以收入减除费用后的余额为收入额；其中，稿酬所得的收入额减按百分之七十计算。

减除费用：预扣预缴税款时，稿酬所得、特许权使用费所得每次收入不超过四千元的，减除费用按八百元计算；每次收入四千元以上的，减除费用按收入的百分之二十计算。

应纳税所得额：稿酬所得、特许权使用费所得，以每次收入额为预扣预缴应纳税所得额，计算应预扣预缴税款。稿酬所得、特许权使用费所得适用百分之二十的比例预扣率。

个人所得税税率表四

级数	应纳税所得额	税率（%）	速算扣除数
1	不超过 3 000 元的	3	0
2	超过 3 000 元至 12 000 元的部分	10	210
3	超过 12 000 元至 25 000 元的部分	20	1 410
4	超过 25 000 元至 35 000 元的部分	25	2 660

续表

级数	应纳税所得额	税率（%）	速算扣除数
5	超过 35 000 元至 55 000 元的部分	30	4 410
6	超过 55 000 元至 80 000 元的部分	35	7 160
7	超过 80 000 元的部分	45	15 160

注 1. 非居民个人取得工资、薪金所得，劳务报酬所得，稿酬所得和特许权使用费所得，依照本表按月换算后计算应纳税额；

注 2. 在 2021 年 12 月 31 日前，取得全年一次性奖金收入，不并入当年综合所得，以全年一次性奖金收入除以 12 个月得到的数额，按照本通知所附按月换算后的综合所得税率表；

注 3. 个人达到国家规定的退休年龄，领取的企业年金、职业年金，按月领取的，适用月度税率表计算纳税；按季领取的，平均分摊计入各月，按每月领取额适用月度税率表计算纳税；

注 4. 单位按低于购置或建造成本价格出售住房给职工，职工因此而少支出的差价部分，符合财税〔2007〕13 号文件第二条规定的，不并入当年综合所得，以差价收入除以 12 个月得到的数额，按照月度税率表确定适用税率和速算扣除数，单独计算纳税。

知识点 100：个人所得税优惠政策表

个人所得税优惠政策表（截止 2020 年 2 月 29 日）

序号	政策名称	优惠条款	减免项目名称
1	《财政部国家税务总局关于认真落实抗震救灾及灾后重建税收政策问题的通知》财税〔2008〕62 号	第二条	其他地区地震受灾减免个人所得税
2	《个人所得税法》	第五条第二项	其他自然灾害受灾减免个人所得税
3	《财政部国家税务总局关于个人所得税若干政策问题的通知》财税字〔1994〕20 号 《国家税务总局关于个人转让房屋有关税收征管问题的通知》（国税发〔2007〕33 号）第三条	第二条第（六）项	个人转让 5 年以上唯一住房免征个人所得税
4	《财政部国家税务总局关于随军家属就业有关税收政策的通知》财税〔2000〕84 号	第二条	随军家属从事个体经营免征个人所得税

续表

序号	政策名称	优惠条款	减免项目名称
5	《财政部国家税务总局关于自主择业的军队转业干部有关税收政策问题的通知》财税〔2003〕26号	第一条	军转干部从事个体经营免征个人所得税
6	《财政部税务总局退役军人部关于进一步扶持自主就业退役士兵创业就业有关税收政策的通知》财税〔2019〕21号	第一条	退役士兵从事个体经营减免个人所得税
7	《个人所得税法》	第五条第一项	残疾、孤老、烈属减征个人所得税
8	《财政部税务总局人力资源社会保障部国务院扶贫办关于进一步支持和促进重点群体创业就业有关税收政策的通知》财税〔2019〕22号	第一条	建档立卡贫困人口从事个体经营扣减个人所得税
9	《财政部税务总局人力资源社会保障部国务院扶贫办关于进一步支持和促进重点群体创业就业有关税收政策的通知》财税〔2019〕22号	第一条	登记失业半年以上人员，零就业家庭、享受城市低保登记失业人员，毕业年度内高校毕业生从事个体经营扣减个人所得税
10	《财政部国家税务总局关于农村税费改革试点地区有关个人所得税问题的通知》财税〔2004〕30号	第一条	取消农业税从事四业所得暂免征收个人所得税
11	《财政部税务总局海关总署关于北京2022年冬奥会和冬残奥会税收政策的通知》财税〔2017〕60号	第三条第（五）款	对外籍技术官员取得的由北京冬奥组委、测试赛赛事组委会支付的劳务报酬免征个人所得税
12	《财政部国家税务总局关于个人无偿受赠房屋有关个人所得税问题的通知》财税〔2009〕78号		符合条件的房屋赠与免征个人所得税
13	《财政部国家税务总局证监会关于沪港股票市场交易互联互通机制试点有关税收政策的通知》财税〔2014〕81号	第一条第（一）项	内地个人投资者通过沪港通投资香港联交所上市股票取得的转让差价所得，免征收个人所得税

续表

序号	政策名称	优惠条款	减免项目名称
14	我国对外签订的避免双重征税协定及内地对香港和澳门签订的避免双重征税安排	税收协定中股息条款	税收协定减免股息所得个人所得税
15	我国对外签订的避免双重征税协定及内地对香港和澳门签订的避免双重征税安排	税收协定中利息条款	税收协定减免利息所得个人所得税
16	我国对外签订的避免双重征税协定及内地对香港和澳门签订的避免双重征税安排	税收协定中特许权使用费条款	税收协定减免特许权使用费所得个人所得税
17	我国对外签订的避免双重征税协定及内地对香港和澳门签订的避免双重征税安排	税收协定中财产收益条款	税收协定减免财产收益所得个人所得税
18	我国对外签订的避免双重征税协定及内地对香港和澳门签订的避免双重征税安排，含税收条款的其他类协定等	税收协定中常设机构和营业利润、独立个人劳务、受雇所得（非独立个人劳务）、演艺人员和运动员、退休金、政府服务、教师和研究人员、学生、其他所得等条款，其他类协定的税收条款等	税收协定和其他类协定等减免其他各类所得个人所得税
19	《财政部国家税务总局证监会关于沪港股票市场交易互联互通机制试点有关税收政策的通知》财税〔2014〕81号	第一条第（一）项	内地个人投资者通过沪港通投资香港联交所上市股票取得的转让差价所得，免征收个人所得税
20	《财政部国家税务总局证监会关于实施全国中小企业股份转让系统挂牌公司股息红利差别化个人所得税政策有关问题的通知》财税〔2014〕48号	第一条	三板市场股息红利差别化征税
21	《财政部国家税务总局关于城市和国有工矿棚户区改造项目有关税收优惠政策的通知》财税〔2010〕42号	第五条	个人取得的拆迁补偿款及因拆迁重新购置安置住房，可按有关规定享受个人所得税减免

续表

序号	政策名称	优惠条款	减免项目名称
22	《财政部国家税务总局关于城镇房屋拆迁有关税收政策的通知》财税〔2005〕45号	第一条	拆迁补偿款免税
23	《财政部国家税务总局关于储蓄存款利息所得有关个人所得税政策的通知》财税〔2008〕132号		储蓄存款利息免税
24	《财政部国家税务总局关于促进公共租赁住房发展有关税收优惠政策的通知》财税〔2014〕52号	第六条	低保家庭领取住房租赁补贴免税
25	《财政部国家税务总局关于地方政府债券利息免征所得税问题的通知》财税〔2013〕5号	第一条	地方政府债券利息免税
26	《财政部国家税务总局关于发给见义勇为者的奖金免征个人所得税问题的通知》财税字〔1995〕25号		见义勇为奖金免税
27	《财政部国家税务总局关于福建平潭综合实验区个人所得税优惠政策的通知》财税〔2014〕24号	第二条	平潭台湾居民免税
28	《财政部国家税务总局关于高级专家延长离休退休期间取得工资薪金所得有关个人所得税问题的通知》财税〔2008〕7号		高级专家延长离退休期间工薪免征个人所得税
29	《财政部国家税务总局关于个人独资企业和合伙企业投资者取得种植业养殖业饲养业捕捞业所得有关个人所得税问题的批复》财税〔2010〕96号		取消农业税从事四业所得暂免征收个人所得税
30	《财政部国家税务总局关于个人取得体育彩票中奖所得征免个人所得税问题的通知》财税字〔1998〕12号		体彩中奖1万元以下免税
31	《财政部国家税务总局关于个人取得有奖发票奖金征免个人所得税问题的通知》财税〔2007〕34号		发票中奖暂免征收个人所得税

续表

序号	政策名称	优惠条款	减免项目名称
32	《财政部国家税务总局关于个人所得税若干政策问题的通知》财税字〔1994〕20号	第二条第（八）项	外籍个人取得外商投资企业股息红利免征个人所得税
33	《财政部国家税务总局关于个人所得税若干政策问题的通知》财税字〔1994〕20号	第二条第（二）项	外籍个人出差补贴免税
34	《财政部国家税务总局关于个人所得税若干政策问题的通知》财税字〔1994〕20号	第二条第（九）项	符合条件的外籍专家工薪免征个人所得税
35	《财政部国家税务总局关于个人所得税若干政策问题的通知》财税字〔1994〕20号	第二条第（七）项	高级专家延长离退休期间工薪免征个人所得税
36	《财政部国家税务总局关于个人所得税若干政策问题的通知》财税字〔1994〕20号	第二条第（三）项	外籍个人探亲费、语言训练费、子女教育费免税
37	《财政部国家税务总局关于个人所得税若干政策问题的通知》财税字〔1994〕20号	第二条第（四）项	举报、协查违法犯罪奖金免税
38	《财政部国家税务总局关于个人转让股票所得继续暂免征收个人所得税的通知》财税字〔1998〕61号		转让上市公司股票免税
39	《财政部国家税务总局关于工伤职工取得的工伤保险待遇有关个人所得税政策的通知》财税〔2012〕40号	第一条	工伤保险免税
40	《财政部国家税务总局关于股权分置试点改革有关税收政策问题的通知》财税〔2005〕103号	第二条	股权分置改革非流通股股东向流通股股东支付对价免税
41	《财政部国家税务总局关于广东横琴新区个人所得税优惠政策的通知》财税〔2014〕23号	第二条	横琴、香港、澳门居民免税
42	《财政部国家税务总局关于教育税收政策的通知》财税〔2004〕39号	第一条第11项	奖学金免税

续表

序号	政策名称	优惠条款	减免项目名称
43	《财政部国家税务总局关于廉租住房经济适用住房和住房租赁有关税收政策的通知》财税〔2008〕24号	第二条第一项	个人出租房屋减征个人所得税
44	《财政部国家税务总局关于廉租住房经济适用住房和住房租赁有关税收政策的通知》财税〔2008〕24号	第二条第一项	个人出租房屋减征
45	《财政部国家税务总局关于棚户区改造有关税收政策的通知》财税〔2013〕101号	第五条	拆迁补偿款免税
46	《财政部国家税务总局关于深圳前海深港现代服务业合作区个人所得税优惠政策的通知》财税〔2014〕25号	第二条	前海港澳台高端人才和紧缺人才免税
47	《财政部国家税务总局关于生育津贴和生育医疗费有关个人所得税政策的通知》财税〔2008〕8号	第一条	生育津贴和生育医疗费免税
48	《财政部国家税务总局关于调整住房租赁市场税收政策的通知》财税〔2000〕125号	第三条	个人出租房屋减征个人所得税
49	《财政部国家税务总局关于外籍个人取得港澳地区住房等补贴征免个人所得税的通知》财税〔2004〕29号		
50	《财政部国家税务总局关于证券市场个人投资者证券交易结算资金利息所得有关个人所得税政策的通知》财税〔2008〕140号		证券资金利息免税
51	《财政部国家税务总局关于住房公积金、医疗保险金、基本养老保险金、失业保险基金个人账户存款利息所得免征个人所得税的通知》财税字〔1999〕267号		住房公积金、医疗保险金、基本养老保险金、失业保险基金个人账户存款利息所得免征个人所得税
52	《财政部海关总署国家税务总局关于第二届夏季青年奥林匹克运动会等三项国际综合运动会税收政策的通知》财税〔2013〕11号	第二条	青奥会、亚青会、东亚会税收优惠

续表

序号	政策名称	优惠条款	减免项目名称
53	《财政部海关总署国家税务总局关于第三届亚洲沙滩运动会税收政策的通知》财税〔2011〕11号	第二条	亚沙会税收优惠
54	《国家税务总局关于社会福利有奖募捐发行收入税收问题的通知》国税发〔1994〕127号	第二条	社会福利有奖募捐奖券中奖所得免税
55	《国家税务总局关于外籍个人取得有关补贴征免个人所得税执行问题的通知》国税发〔1997〕54号		
56	《国家税务总局关于远洋运输船员工资薪金所得个人所得税费用扣除问题的通知》国税发〔1999〕202号		远洋运输船员伙食费
57	《个人所得税法》	第七项	安家费、退职费、退休工资、离休工资、离休生活补助费免税
58	《个人所得税法》	第四条第八项	符合条件的外交人员免征个人所得税
59	《个人所得税法》	第四条第二、五项	保险赔款免税
60	《个人所得税法》	第四条第三项	符合条件的津补贴免征个人所得税
61	《个人所得税法》	第四条第一项	省级、部委、军级奖金免征个人所得税